Philippe CONRAD

LE SANG
DE
LA MARNE

Septembre 1914

EDITIONS HEIMDAL

Le « Miracle » de la Marne

« ... Que des hommes se fassent tuer sur place, c'est là une chose bien connue et escomptée dans chaque plan de bataille. Mais que des hommes ayant reculé pendant dix jours, que des hommes couchés par terre, à demi-morts de fatigue, puissent reprendre le fusil et attaquer au son du clairon, c'est là une chose avec laquelle nous n'avions jamais appris à compter : c'est là une possibilité dont il n'a jamais été question dans nos écoles de guerre... »

C'est sans doute leur plus redoutable adversaire, le général von Kluck, commandant de la première armée allemande, qui a rendu aux combattants français de la Marne ce magnifique hommage mais, soixante dix-huit ans après les combats de l'Ourcq, des marais de Saint-Gond et de Lorraine, l'historien demeure lui aussi stupéfait devant l'ampleur des sacrifices consentis et devant l'énergie farouche avec laquelle l'immense nation en armes de 1914 est parvenue à contenir la ruée – apparemment irrésistible – de la plus puissante armée du monde. Des dizaines d'ouvrages et des centaines de témoignages ont permis de reconstituer dans ses plus infimes détails le gigantesque affrontement dans lequel se sont jouées les destinées de l'Europe mais le dossier de cette immense bataille est encore loin d'être clos. Joffre et Galliéni ont toujours leurs partisans, le « cas Lanrezac » suscite encore des controverses, des chefs qui furent heureux ultérieurement ont-ils été à la hauteur de la situation lors des premiers engagements, que faut-il penser de l'attitude d'un Castelnau, que Foch n'hésitera pas à désigner comme « le vaincu de Morhange », qu'en fut-il des responsabilités du lieutenant-colonel Hentsch dans la décision de faire retraiter les armées allemandes, que faut-il penser de l'extrême lenteur de nos alliés britanniques lors de leur marche vers la Marne ?... Autant de questions qui demeurent posées et que les interprétations contradictoires présentées par les différents acteurs n'ont guère contribué à éclaircir. Il convient en effet de se défier des « mémoires » qui ont fait la fortune des éditions Payot, Lavauzelle ou Berger Levrault à l'issue de la guerre. Chacun s'efforce d'y justifier son attitude ou de couvrir le « patron » auquel il était subordonné. De plus, les nombreuses défaillances et les multiples erreurs relevées dans la conduite des opérations au cours du premiers mois de la guerre n'ont guère favorisé par la suite la transparence nécessaire. Quarante-trois ans après la défaite de 1871, peu de chefs avaient l'expérience du combat et la maîtrise suffisante pour diriger sur le terrain, au milieu de tous les aléas d'une guerre d'un type totalement nouveau, la manœuvre interarmes des grandes unités, à un moment où les moyens

de liaison demeuraient très rudimentaires, sur un champ de bataille aux vues souvent limitées, battu par des feux d'artillerie d'une puissance encore inédite. Ces conditions suffisent à expliquer certains mécomptes du mois d'août 1914 et, dans son *« Hécatombe des généraux »*, Pierre Rocolle a pu souligner *« ... qu'au moment où s'engageait la bataille de la Marne, trois commandants d'une armée (Pau, Ruffey, Lanrezac), sept commandants d'un corps d'armée, trente commandants d'une division d'infanterie et quatre commandants d'une division de cavalerie, sans parler de quatorze commandants de brigade avaient été renvoyés à l'arrière en moins d'un mois... »* Si la victoire a permis, par la suite, d'oublier ces moments difficiles, compte-rendus et témoignages sont souvent demeurés empreints de partialité ou d'autojustification et le souci de ne pas voir mis en cause le commandement suprême et les préceptes qui avaient présidé à la concentration des forces et à la conduite des opérations a sans doute contribué à maintenir de larges zones d'ombre dans l'Histoire d'une bataille dont de nombreux littérateurs se sont ensuite emparés, pour lui donner le souffle épique d'une grande geste nationale.

Au centre : L'élan offensif de l'infanterie française sera la cause de lourdes pertes.

Si la bataille de la Marne fut perçue comme un « miracle », c'est parce que la situation dans laquelle se trouvaient nos armées au début de septembre apparaissait gravement compromise, du fait des erreurs d'appréciation commises par le commandement durant le temps de paix et dans les trois premières semaines du conflit, des erreurs qui ont été payées au prix fort en Lorraine, dans les Ardennes ou sur la Sambre. Le grand mérite de l'armée française fut alors de faire front dans des conditions particulièrement difficiles, de faire surgir, au cœur de l'action, les chefs capables de réagir dans l'épreuve terrible du combat et il importe peu de disputer des mérites respectifs d'un Joffre, d'un Lanrezac, d'un Franchet d'Esperay, d'un Galliéni ou d'un Castelnau. Alors que certaines unités, mal engagées, étaient laissées à elles-mêmes ou saisies par le doute, il y eut des généraux tels que Rouquerol, Pétain, Mangin ou Fayolle pour ranimer les courages et rétablir la confiance. Cette masse de plus de deux millions et demi d'hommes, qui était la France en armes, sut également trouver au fond d'elle-même les ressources morales qui commandaient le sursaut. Elevés dans le culte de la Revanche, persuadés de leur bon droit, certains qu'ils défendaient l'essentiel, les soldats de l'été 1914 ont mené, face à une armée allemande puissante et sûre de sa victoire, le combat acharné des peuples qui refusent la fatalité de la défaite. Les erreurs commises par le commandement ennemi et le rapport des forces défavorable dans

lequel se sont retrouvées les 1re et 2e Armées allemandes se sont bien sûr révélés déterminants pour expliquer la victoire et le sang-froid dont Joffre sut faire preuve contraste avec les hésitations et la pusillanimité de Moltke. Mais le succès incontestable remporté par les armées françaises au début du mois de septembre 1914 fut surtout le résultat de l'endurance, de la ténacité et des sacrifices de la troupe, magnifiquement commandée au niveau des cadres subalternes. Comme les combattants de Bouvines ou les volontaires de Jemmapes, les soldats de la Marne ont payé de leur sang la liberté de la patrie et, au-delà des analyses techniques ou des controverses historiques, la bataille gagnée du 6 au 11 septembre 1914 des rives de l'Ourcq aux crêtes du Grand Couronné demeure l'un des grands moments de notre Histoire nationale, celui où un peuple tout entier rassemblé décide, dans l'acharnement des combats, d'affirmer sa volonté de continuer une histoire millénaire et de s'assurer un destin.

Le soldat de l'été 1914 qui a fait face à l'invasion. (L'Illustration.)

CHAPITRE I
Victoires allemandes aux frontières

Le premier drapeau pris à l'ennemi (celui du 132ᵉ Régiment d'Infanterie, enlevé à Saint-Blaise par nos chasseurs à pied) présenté aux Parisiens à une fenêtre du ministère de la Guerre. (L'Illustration.)

1870 ?.. Les erreurs commises par le commandement allemand vont heureusement faire pencher la balance en faveur des armes françaises mais cette issue heureuse ne peut dissimuler l'ampleur des défaites subies à partir du 20 août. Ces échecs sont la conséquence des fautes accumulées dès le temps de paix, aggravées ensuite par les erreurs d'appréciation commises par le commandement dans le déroulement des opérations du mois d'août. Il faut remonter à 1911 pour comprendre comment les chefs militaires français ont pu se tromper quant aux intentions de leur adversaire potentiel. En février de cette année-là, le général Michel, qui venait de succéder au général Trémeau au poste de vice-président du Conseil supérieur de la Guerre, et qui était donc appelé à prendra la tête des armées en cas de conflit, présenta au ministre de la Guerre, le général Brun, un mémoire qui remettait en cause bon nombre des certitudes auxquelles demeurait attaché jusque là le commandement militaire. Selon lui, les armées allemandes éviteraient en cas de conflit nos fortifications de l'est, c'est-à-dire la ligne « Séré de Rivière », appuyée sur les places de Verdun, Toul, Epinal et Belfort. Elles effectueraient pour cela un vaste mouvement débordant à travers la Belgique et seul l'emploi en première ligne de ses unités de réserve pourrait permettre à l'adversaire de réaliser une manœuvre d'une telle ampleur. Pour parer à cette menace, le général Michel suggérait d'amalgamer dans les mêmes corps d'armée les unités d'active et de réserve, afin d'étendre, face à la Belgique, notre dispositif défensif. Le généralissime présumé insistait également sur la nécessité de renforcer l'artillerie lourde de corps d'armée afin qu'elle fût en mesure de faire jeu égal avec celle de l'ennemi. Ce programme fut rejeté par tous les grands chefs militaires, persuadés qu'il était tout à fait irréaliste d'attribuer aux unités de réserve une qualité combative équivalente à celle des unités d'active. Pour les mêmes raisons, il apparaissait impossible que les Allemands eussent l'intention d'engager en première ligne des corps d'armée de réserve, investis des mêmes missions que les corps d'active. Le général Michel aggrava son cas en critiquant fortement la doctrine exposée peu de temps auparavant par le colonel de Grandaison, chef du 3ᵉ Bureau de l'Etat-Major de l'Armée, doctrine qui privilégiait outrancièrement l'offensive au détriment de la sûreté. Ces prises de position suscitèrent la plus grande méfiance au sein de la haute

Les premières semaines de la guerre se sont révélées malheureuses et la fortune des armes semble avoir choisi le camp allemand. Quand, le 28 août au soir, l'opinion apprend par le communiqué de l'Etat-Major que la lutte se poursuit « *de la Somme aux Vosges* », le choc est rude après les compte-rendus triomphalistes qui avaient accompagné la prise de Mulhouse ou la présentation du premier drapeau enlevé à l'ennemi. Il faut se rendre à l'évidence : une partie importante du territoire national est envahie et la capitale peut se trouver menacée à court terme. Tout l'effort militaire consenti par la nation au cours des décennies précédentes va-t-il être réduit à néant en quelques semaines d'une guerre-éclair foudroyante, va-t-on connaître de nouveau les affres du siège de hiérarchie militaire et, quand au mois de juillet suivant le nouveau ministre de la Guerre, Messimy, trouva le général Michel « *hésitant et indécis* » au moment où un conflit franco-allemand menaçait, du fait de la présence de la canonnière « Panther » à Agadir, les membres du Conseil supérieur de la Guerre retirèrent leur confiance à l'intéressé. Décidée pour des raisons qui tenaient davantage à la personnalilté du général Michel et au peu de confiance qu'il inspirait au ministre, son éviction fut justifiée par un désaccord de fond sur les propositions qu'il avait formulées en février et son successeur, quel qu'il fut, aurait fatalement à en tenir compte.

Après le refus du général Galliéni, bientôt atteint par la limite d'âge, puis du Général Pau, qui voulait pouvoir choisir en toute liberté les officiers généraux, le ministre proposa au général Joffre un poste qui lui donnerait en temps de guerre le commandement suprême. Après avoir hésité et exigé qu'on lui donnât le général de Castelnau comme adjoint, Joffre finit par accepter le titre nouveau de Chef d'Etat-Major général, ce qui impliquait la direction du Conseil Supérieur de la Guerre et de l'Etat-Major de l'Armée. Castelnau était, pour sa part, nommé major général. A partir du 20 juillet 1911, le généralissime désigné eut donc tout pouvoir sur la préparation du futur conflit, qu'il s'agisse de la mobilisation, de l'organisation des grandes unités ou des plans de campagne. Trois ans avant le choc de l'été 1914...

Le général Pau qui a pris le commandement de l'Armée d'Alsace quelques jours après le début des hostilités. (L'Illustration.)

Spécialiste des chemins de fer, devenu le plus jeune général de l'armée française il commande, après un passage à la Direction du Génie, une division en 1905 puis un corps d'armée en 1908. En 1910, il entre au Conseil Supérieur de la Guerre, avec la fonction de « directeur des arrières ». La promotion au commandement en chef d'un « colonial », peu au fait de la conduite des opéraitons d'envergure dans une grande guerre européenne, fut une surprise mais les qualités et les compétences d'un Castelnau compensaient largement ce que certains interprétaient comme des insuffisances. Quand la guerrre fut sur le point d'éclater, Galliéni, qui venait de prendre sa retraite, fut rappelé pour devenir « adjoint à titre de successeur éventuel au commandant en chef ». Joffre ne contesta pas ce choix, mais ne souhaita pas voir Galliéni, dont il avait été jadis le subor-

Le général Galliéni, nommé adjoint au commandant en chef puis gouverneur militaire de Paris. (Le Miroir.)

Agé de cinquante-neuf ans, le nouveau « patron » de l'armée française était le fils d'un tonnelier de Rivesaltes. Entré à Polytechnique à dix-sept ans, il choisit à sa sortie l'Arme du Génie et va faire l'essentiel de sa carrière aux colonies, au Tonkin, au Soudan et à Madagascar.

Le général de Castelnau, commandant de la 2e Armée, qui, par sa victoire de la Meurthe et sa résistance sur le Grand Couronné, sauvera Epinal et Nancy. (L'Illustration.)

6

donné, au Quartier Général installé le 5 août à Vitry-le-François. Le conquérant de Madagascar demeura donc à Paris, où il fut bientôt chargé de superviser l'aménagement du camp retranché... A la mobilisation, Castelnau était parti pour

Le général Joffre, commandant en chef des Armées françaises depuis 1911, assume la lourde tâche de faire face à l'invasion. (Le Miroir.)

Nancy afin d'y prendre le commandement de la IIe Armée et il avait été remplacé à son poste de major général par le général Belin qui, diminué en raison d'une santé chancelante, dut s'en remettre à son adjoint, l'aide-major général Berthelot. Certains ont avancé que Joffre s'était ainsi trouvé sous l'influence, jugée excessive, de ses deux subordonnés, spécialement de Berthelot à qui furent attribuées bon nombre des erreurs du début de campagne, mais il faut surtout retenir qu'au moment décisif le généralissime sut prendre, contre l'avis de ce dernier, la décision qui convenait.

De juillet 1911 à août 1914, Joffre avait eu trois ans pour mettre les armées françaises en état de faire front victorieusement à l'invasion or il faut bien constater que, à cause de l'autorité limitée dont il jouissait de fait vis-à-vis de ses pairs pour les raisons mentionnées plus haut, il n'avait su à aucun moment se prononcer contre les théories de la « jeune Armée » qui valorisaient trop systématiquement les vertus de l'offensive. La stratégie trop rigoureusement défensive de 1870 avait abouti à l'échec que l'on sait et les chefs militaires français en avaient justement retenu que le souci excessif de la défensive laissait à l'adversaire une trop grande liberté d'action. La puissance de feu mise en œuvre par l'artillerie moderne et par les mitrailleuses avait pourtant révélé ses effets dévastateurs lors des guerres du Transvaal et de Mandchourie mais les tenants de la nouvelle école n'en démordaient pas : seule l'offensive poussée à fond et avec la plus grande rapidité pouvait donner la victoire. La mise à l'écart du général Michel qui réclamait un renforcement de l'artillerie lourde de campagne symbolisait pour beaucoup la victoire de la nouvelle doctrine

présentée quelques mois plus tôt par le colonel de Grandmaison. Selon ce dernier, « *les facteurs moraux sont les seuls qui comptent à la guerre. Il faudra tout sacrifier à l'étreinte immédiate destinée à donner à l'adversaire la mentalité d'un homme qui se défend, sans trop se préoccuper des erreurs de détail et des risques accessoires... Dans l'offensive, l'imprudence est la meilleure des sûretés. On doit se contenter de rechercher l'ennemi pour l'attaquer. Ce qu'il veut faire importe peu puisque nous avons la prétention de lui imposer notre volonté... L'offensive peut forcer la victoire. Il faut s'y préparer et y préparer les autres en cultivant avec passion, avec exagération même, et jusque dans les détails les plus infimes de l'instruction tout ce qui porte la marque de l'esprit offensif. Allons jusqu'à l'excès et ce ne sera peut-être pas assez...* » Poussés à l'extrême pour affirmer une rupture radicale avec les conceptions antérieures, la « doctrines Grandmaison » va dominer l'instruction dans les années précédant la guerre, au point d'engendrer de redoutables excès. Si l'on en croit le général Lanrezac, « *ces messieurs pensent qu'on maîtrise si bien l'ennemi que l'on n'a plus rien à en craindre quand on l'a saisi, pris à la gorge... Quant à la défensive, ils méconnaissent la force qu'elle emprunte au puissant armement moderne et ils la considèrent comme une forme inférieure de l'activité militaire. On n'y exerce jamais sérieusement les troupes. Officiers et soldats montrent la plus vive répugnance à exécuter les moindres travaux de défense... La priorité donnée au mouvement et au choc de l'infanterie excluait de s'embarrasser d'un trop grand nombre de mitrailleuses et la rapidité de l'action rendrait inutile tout recours aux feux de l'artillerie lourde* ».

L'« Instruction sur la conduite des grandes unités » du 28 octobre 1913, le « Règlement du service en campagne » du 2 décembre suivant et le « Règlement de manœuvre de l'Infanterie » du 20 avril 1914 confirmèrent le caractère désormais officiel de la nouvelle doctrine.

Selon celle-ci, « *il ne faut jamais laisser à l'ennemi la priorité de l'action sous prétexte d'attendre des renseignements précis... Seul le mouvement en avant de l'infanterie, poussé jusqu'au corps à corps, est décisif et irrésistible* ». Pour les auteurs du « Règlement de l'Infanterie », « *l'attaque implique de la part de tous les combattants la volonté de mettre l'ennemi hors de combat en l'abordant corps à corps à la baïonnette. Marcher sans tirer le plus longtemps possible, progresser ensuite par la combinaison du mouvement et du feu jusqu'à distance d'assaut, donner l'assaut à la baïonnette et poursuivre le vaincu, tels sont les actes successifs d'une attaque d'infanterie...* »

La rapidité de l'action excluait pratiquement l'engagement des mitrailleurs, obligés de remonter pour le tir leurs pièces démontées en trois parties. Les Allemands, qui disposaient, comme leurs adversaires de six mitrailleuses

La puissance de feu et les capacités de manœuvre des artilleries des deux adversaires vont jouer un rôle déterminant dans les premières semaines du conflit. Ci-contre : Un « 75 » français. Ci-contre, en bas : Un obusier allemand. (L'Illustration.)

par régiment, allaient prendre pour leur part le temps nécessaire à leur mise en œuvre...

De la même manière, le fantassin allemand de retranchera méthodiquement sans hésiter à remuer la terre pour s'abriter du feu adverse, une préoccupation absente lors des manœuvres françaises, qui voient les commandants d'unité appliquant les nouvelles consignes, privilégier constamment le mouvement alors que les chefs plus prudents courent, selon Lanrezac le risque d'être considérés comme « *manquant de mordant et de cran* », ce qui leur vaut une condamnation définitive...

Les erreurs ainsi commises dans le domaine tactique étaient aggravées par l'absence d'une artillerie lourde de campagne comparable à celle dont disposaient les Allemands. Les champions de l'offensive se refusaient en effet, selon Joffre, « *à chausser les bottes de plomb de l'artillerie lourde* ». Les vertus universelles attribuées au canon de 75 devaient suffire à garantir la victoire. Dès 1911 pourtant le général Foch, alors commandant de l'Ecole de Guerre, s'était inquiété de cette infériorité mais les décisions de fabrication ayant traîné, ce n'est qu'à la fin de 1914 que les pièces de 105 commandées aux usines Schneider seront disponibles. Le résultat fut qu'à l'été 1914 la supériorité allemande se révéla évidente puisque, face aux 120 canons de 75 du corps d'armée français, le corps allemand équivalent pouvait aligner 108 canons de 77, 36 obusiers de 105 et 16 obusiers lourds de 150. Les Français disposaient bien d'artillerie lourde mais seulement à l'échelon de l'armée (104 obusiers de 155 court, 96 canons de 120 et 80 vieux canons de Bange, soit un total de 280 pièces) mais elle paraissait bien faible face aux moyens d'artillerie lourde de chacune des armées ennemies (360 canons de 100, 360

canons de 130 et 128 mortiers de 210, soit un total de 848 pièces). Cette artillerie lourde allemande devait être engagée rapidement pour contrebattre l'artillerie adverse alors que son emploi du côté français n'avait fait l'objet d'aucune directive précise, tant ces circonstances paraissaient improbables dans la perspective d'une stratégie résolument offensive, privilégiant le mouvement et les assauts de l'infanterie. Si l'on ajoute à ce tableau inquiétant des erreurs françaises l'insuffisance des dotations en munitions d'artillerie, la couleur trop voyante des uniformes de l'infanterie et l'instruction trop traditionnelle des grandes unités de cavalerie bien préparées aux combats de rencontre mais inaptes à manœuvrer sous le feu, on aura un tableau à peu près

Moltke, « le neveu » du vainqueur de 1870-1871, qui commande en 1914 l'ensemble des armées allemandes. Taraudé par le doute et incapable de concentrer ses efforts au moment voulu, il sera le principal responsable de l'échec allemand.

mande étaient probablement suivis de corps de réserve portant le même numéro que les corps actifs... » A cette date, la bataille de Charleroi était perdue depuis la veille et les forces d'invasion lançaient le vaste coup de faux qui devait, dans l'esprit du plan Schlieffen, assurer l'enveloppement puis la destruction des armées françaises...

Joffre a lui-même reconnu à quel point cette appréciation erronée de l'ordre de bataille ennemi a pesé sur les débuts malheureux de la guerre. Elle aurait pu être fatale si l'armée allemande avait disposé d'un commandant en chef autre que Helmut von Moltke, le neveu du vainqueur de 1870, qui, en ces moments décisifs, compromettra par ses craintes excessives et ses hésitations, les chances d'une victoire qui, à la fin août, pouvait paraître assurée.

Pour abattre la France au cours d'une guerre-éclair de six semaines qui devait précéder l'attaque contre la Russie, le général-comte von Schlieffen, chef d'état-major de l'armée allemande de 1891 à 1906, avait conçu dès 1899 un plan qui prévoyait le débordement par la Belgique de la ligne fortifiée qui couvrait au nord-est la frontière française. Quand l'Entente cordiale de 1904 laissa présager le risque d'une intervention anglaise, Schlieffen étendit vers le nord son plan de concentration initiale pour traverser la Belgique au nord de la ligne Liège-Namur. Pour déborder ainsi la défense franco-anglaise, il convenait de doter l'armée allemande d'une aile droite extrêmement puissante, forte de trente-cinq corps d'armée et de huit divisions de cavalerie, concentrée entre Metz et la frontière du Limbourg hollandais, alors qu'une masse secondaire, réduite à quatre corps et demi et à

complet des insuffisances ou des faiblesses qui allaient affecter l'armée française dans les premières semaines de combat. A l'inverse, il faut rendre hommage à Joffre et aux Chambres d'avoir imposé, contre une opinion publique largement réticente, la loi de trois ans votée en 1913 et seule en mesure de conserver à l'armée d'active des effectifs suffisants face à une armée allemande bénéficiant, du fait d'une démographie très dynamique, de ressources en hommes autrement importantes.

Si, malgré l'importance des efforts consentis par la nation, la préparation de l'armée laissait à désirer en de nombreux domaines, ces faiblesses pouvaient être partiellement compensées par une connaissance suffisante des moyens et des intentions de l'ennemi or, sur ce point décisif, le commandement français se berça trop longtemps d'illusions rassurantes. Contre l'avis du général Michel, désavoué comme on l'a vu en juillet 1911, mais aussi contre celui du général Foch, Joffre et la plupart des grands chefs militaires demeurèrent persuadés que les Allemands n'engageraient pas en première ligne leurs unités de réserve et cette erreur d'appréciation ne fut définitivement reconnue qu'après les combats malheureux des Ardennes, alors que de nombreux renseignements fournis par le 2e Bureau dès le temps de paix confirmaient les craintes de Michel et de Foch. En août 1914, Joffre se trouva en effet face à trente-quatre corps d'armée (vingt-deux d'active et douze de réserve) là où il n'en attendait que vingt-deux. Quand, le 18 août, les corps de réserve allemands commencent à apparaître dans les compte-rendus du 2e Bureau, le généralissime trouve cela plutôt rassurant puisque leur présence signifie pour lui que les Allemands ne produisent pas dans cette direction leur effort principal... Ce n'est que le 24 août que lui apparaît l'importance de l'aile droite allemande puisque « pour la première fois », dit-il, « le renseignement nous parvenait que les corps de la IIe Armée alle-

Le général-comte von Schlieffen, qui avait conçu le plan de l'invasion par la Belgique et avait toujours insisté sur la puissance indispensable de l'aile droite du dispositif allemand.

trois divisions de cavalerie, adopterait une attitude défensive sur le front des Vosges et de Lorraine. Dans sa « *Campagne de la Marne* », le général von Kuhl, quartier-maître général de l'armée allemande jusqu'à la mobilisation de l'été 1914, devenu à ce moment chef d'état-major de la Iʳᵉ Armée von Kluck, a résumé en ces termes les objectifs fixés aux sept armées allemandes de l'ouest : « *Toutes les forces de la masse principale appuyant leur gauche à Metz exécuteront un grand mouvement débordant et une vaste conversion qui, traversant la Belgique comme un rouleau puissant, enveloppera toute position qui se présentera et refoulera les Français vers l'est, entre le Jura et la Suisse. Il fallait donc, dès le début, faire l'aile droite aussi forte que possible et la recompléter sans cesse. L'aile gauche, destinée à couvrir le flanc en Lorraine, passerait au second plan. Et si les Français prenaient l'offensive en Lorraine, cela ne pourrait être qu'avantageux* ». Parfaitement cohérent, ce plan était devenu l'obsession de Schlieffen, dont on dit même qu'en 1913, sur son lit de mort, ses dernières paroles furent pour exhorter ses successeurs « *à renforcer l'aile droite* ».

Malheureusement pour l'armée allemande, son successeur Helmut von Moltke, inquiet de laisser trop dégarnies les frontières de l'Empire en Alsace et en Lorraine, décida de porter à huit corps d'armée, représentant deux armées (la VIᵉ et la VIIᵉ), les forces de défense installées de Mulhouse à Metz. Décision lourde de conséquences puisqu'elle affaiblissait fatalement l'aile droite appelée à emporter la décision. Inquiet du rétablissement rapide des forces russes après les déboires de la guerre russo-japonaise de 1904-1905, le nouveau commandant en chef décida également de déployer quatre corps d'armée aux frontières de la Prusse orientale, alors que Schlieffen ne voulait y installer que des unités de Landwehr condamnées à une stricte défensive. Des forces qui seraient fatalement prélevées sur l'aile marchante déployée à l'ouest de Thionville. Cette concep-

Le général von Kluck, chef de la Iʳᵉ Armée allemande, celle qui est chargée, à l'aile droite d'envelopper la gauche du dispositif français. Remarquable tacticien, il sera contraint à la retraite au moment où la victoire était à sa portée sur l'Ourcq. (Le Miroir.)

Le général von Bülow, commandant de la IIᵉ Armée allemande qui bousculera les Français à Charleroi. Le 9 septembre, lui-même et son état-major décideront de fait de la retraite allemande. (Le Miroir.)

Le général von Haussen, commandant de la IIIᵉ Armée allemande composée de corps saxons. Malade au plus fort de la bataille, il ne pourra exploiter les succès de ses troupes, dans la mesure où son armée doit constamment répondre aux demandes de renfort des IIᵉ et IVᵉ Armées qui se trouvent à sa droite et à sa gauche.

A gauche : Le prince Albrecht de Wurtemberg, commandant de la IV⁰ Armée allemande qui se trouvera confrontée avec la 4ᵉ Armée française du général Langle de Cary du 6 au 10 septembre.

Au centre : Le Kronprinz impérial, fils de Guillaume II, qui commande la Vᵉ Armée allemande, celle qui menacera dangereusement Bar-le-Duc aux pires moments de la bataille de la Marne. A droite : Le Kronprinz Ruprecht de Bavière, qui commande la VIᵉ Armée allemande. A partir du 20 août, c'est son Armée qui, débouchant de Metz, inflige à la 2ᵉ Armée française, et plus spécialement au 20ᵉ corps du général Foch, la défaite de Morhange. Fort de ce succès, il tentera de s'engouffrer dans la trouée de Charmes mais les deux armées françaises de Castelnau et Dubail l'empêcheront d'atteindre cet objectif. Il échouera également, peu de temps après, contre les crêtes du Grand Couronné.

tion générale déboucha naturellement sur un plan de concentration qui suit. Au nord, la Iʳᵉ Armée von Kluck était installée de Krefeld à Cologne, face à Maastricht, là où le territoire néerlandais forme une protubérance étendue vers le sud ; elle devrait la contourner pour éviter toute violation de la neutralité hollandaise, du fait de l'intérêt que présentait pour l'Allemagne le port de Rotterdam. La IIᵉ Armée von Bülow devait se concentrer entre Aix-la-Chapelle et Malmédy pour marcher sur Liège et Namur. La IIIᵉ Armée, saxonne, de von Hausen devait se diriger de Saint-Vith vers la Meuse à hauteur de Dinant. Deux corps de cavalerie (Richthofen et von Marwitz) devaient couvrir en avant ces trois armées de l'aile droite, fortes de quatorze corps d'armée. Concentrée dans la région de Trèves, face au grand-duché de Luxembourg, la IVᵉ Armée du duc Albrecht de Wurtemberg devait marcher sur Neufchâteau et sur Sedan. La Vᵉ Armée du Kronprinz impérial, concentrée dans la région de Thionville, Metz et Sarrebrück, faisait face à Verdun et devait constituer le pivot de la manœuvre. La IVᵉ Armée du Kronprinz Ruprecht de Bavière était rassemblée en Lorraine dans la région de Saint-Avold, Dieuze et Sarrebourg. Enfin, la VIIᵉ Armée von Heeringen était concentrée dans la région de Strasbourg afin de faire face aux menaces pesant sur l'Alsace et le nord des Vosges. La mise en œuvre de ce plan formidable imposait de faire sauter le verrou de la forteresse de Liège, investie dès le 4 août, mais où la résistance du général Leman retardera sensiblement la réalisation des intentions allemandes. Le 18 août cependant, les armées allemandes de l'aile droite étaient en mesure d'engager leur marche vers Paris, suivies par les IVᵉ et Vᵉ Armées qui, à partir de la « *position*

de la Moselle », avaient pour instruction de s'aligner sur elles.

Pour faire face à cette terrible menace, le commandement français avait adopté en 1909 le plan XVI, conçu par le général Trémeau. L'hypothèse d'une invasion de la Belgique n'en était pas absolument écartée mais on refusait d'affaiblir le centre du dispositif français et la concentration prévue se présentait de la manière suivante : trois armées en première ligne entre Belfort et Verdun, deux autres derrière chacune des deux ailes et, enfin, une armée de manœuvre formée en arrière, en Champagne, qui fournirait au commandement le moyen de parer à toute éventualité. C'est ce plan que Joffre découvrit en arrivant au commandement en chef. Il constate que la violation probable de la neutralité belge n'est pas suffisamment prise en compte, mais il ne pense pas que les Allemands dépasseront, dans ce cas, la rive droite de la Meuse et cela pour deux raisons : ils éviteraient ainsi d'avoir à affronter les places fortifiées de Liège et de Namur et une invasion seulement partielle de la Belgique pourrait encourager la Grande-Bretagne à demeurer neutre. Une erreur d'appréciation qui venait aggraver celle concernant l'engagement en première ligne des corps de réserve allemands.

Partant de ces prémices, Joffre et ses collaborateurs mirent alors au point un nouveau plan de concentration, le plan XVII, qui allait fatalement déterminer les directions d'engagement dans les premières semaines du conflit. Un détachement d'armée de Haute-Alsace, confié au général Bonneau et transformé dès le 9 août en une Armée d'Alsace confiée au général Pau, avait pour mission de marcher sur Mulhouse et de s'avancer en Alsace pour parer à toute menace allemande susceptible de déboucher à l'ouest des Vosges. La 1re Armée du général Dubail était concentrée dans la région s'étendant d'Epinal à Belfort. La 2e Armée du général de Castelnau était installée dans la région de Toul-Nancy-Lunéville. La 3e Armée du général Ruffey était sur la Meuse de Verdun à Saint-Mihiel, la 5e Armée du général Lanrezac était rassemblée dans la région de Vouziers-Rethel-Stenay. Le Corps de Cavalerie Sordet couvrait la gauche du dispositif. Enfin, la 4e Armée du général Langle de Cary était concentrée derrière la 3e, dans la région de Bar-le-Duc. Le 4e Groupe de Divisions de Réserve du général Valabrègue se déploierait au nord de notre aile gauche et le 1er GDR du général Archinard serait placé pour sa part à l'aile droite, dans la région de Vesoul. Une variante était prévue en cas d'invasion de la Belgique. Si cette hypothèse se confirmait, le Corps de Cavalerie Sordet et la 5e Armée devaient glisser vers le Nord jusque dans la région de Mézières, et la 4e Armée devait alors d'intercaler dans le vide ainsi créé entre 3e et 5e Armées. Dès le 2 août 1914, quand on apprend que l'invasion du grand duché de Luxembourg est entamée et que l'Allemagne a adressé à la

Le général Pau, qui succède le 9 août au général Bonneau pour transformer en une armée le détachement d'armée d'Alsace n'aura guère plus de chance que son prédécesseur. Après avoir occupé Mulhouse, il sera contraint de se replier et seules quelques localités du Haut-Rhin redeviendront françaises dès 1914. (L'Illustration.)

Belgique l'ultimatum que l'on sait, Joffre donne l'ordre à ses armées de l'aile gauche de mettre en œuvre la « variante » prévue par le plan XVII. Dépourvu désormais de réserves le généralissime ne pourra étendre vers le nord son dispositif qu'en prélevant des unités à l'est. Joffre ne s'en inquiète pas et justifie sa décision puisque *« partant de l'idée que la guerre serait courte, il fallait tout faire pour livrer avec toutes ses forces la bataille décisive. Il ne pouvait être question de réserves éloignées, transportées*

Le général Langle de Cary commande la 4e Armée française que Joffre entend lancer à travers les Ardennes contre le flanc gauche des armées allemandes en marche vers l'ouest. La « surprise » de Neufchâteau tournera au désavantage des Français et les contraindra à la retraite.

Le général Ruffey, commandant de la 3e Armée, est un artilleur de formation. Ses corps participent aussi à l'offensive centrale qui, selon Joffre, doit porter un coup fatal aux Allemands en marche à travers le Luxembourg et la Belgique. Ses rapports difficiles avec le Grand Quartier Général feront qu'il sera remplacé par Sarrail.

12

L'Angleterre, qui ne dispose que d'une armée de métier, ne peut engager sur le continent qu'un corps expéditionnaire d'un volume modeste. On voit ici les Britanniques arriver à Rouen où ils rencontrent leurs frères d'armes français. (Le Miroir.)

d'après la tournure que prendraient les premiers engagements... »

Avec un tel dispositif et avec pour seule réserve stratégique les deux GDR des deux ailes, la 44ᵉ division alpine, deux divisions en cours de transport depuis l'Algérie et la 60ᵉ division de réserve rassemblée à Châlons, Joffre n'était guère en mesure de faire face à l'orage qui s'annonçait. Alors que son aile gauche s'étendait maintenant jusqu'à Mézières et qu'il faudrait attendre un certain temps les premiers débarquements du Corps expéditionnaire britannique, au moment où l'Armée belge était contrainte au repli sur Anvers, l'aile droite allemande alignait, face au vide allant de Mézières à la mer, quatorze corps d'armée et deux corps de cavalerie. On comprend les inquiétudes de Galliéni qui, rentré le 2 août à Paris, prend alors connaissance du plan

XVII qu'il ignorait jusque-là. Selon le tout nouvel « adjoint au commandant en chef », les choix qui ont été faits sont catastrophiques : faute de réserves générales et d'une aile gauche suffisamment forte *« l'invasion est certaine »*, c'est du moins ce qu'il déclare le 6 août à son officier d'ordonnance le capitaine Charbonnel.

Au moment où va s'engager le terrible conflit, les forces qui s'affrontent sur le front de l'ouest sont sensiblement équivalentes. Si l'on ne tient pas compte des grandes unités territoriales ou de Landwehr, dont la qualité combative ne peut être que médiocre, les Allemands engagent soixante-dix divisions d'infanterie contre soixante et onze divisions françaises et quatre divisions britanniques, celles des deux premiers corps de l'Armée French, engagés à partir du 20 août. Dix

Le général Douglas Haig (à gauche) commande en 1914 le 1ᵉʳ Corps d'Armée britannique engagé en France sous les ordres du maréchal French. Le général Allenby (au centre), qui sera trois ans plus tard victorieux au Proche Orient contre les Turcs, commande pour sa part la division de cavalerie du corps expéditionnaire. Enfin, le général Pulteney commande le 3ᵉ corps. A Mons, puis au Cateau, les Britanniques vont bientôt subir le choc de l'aile droite ennemie.

Soldats britanniques et pious-pious français dans les premiers jours de la guerre alors que les troupes du maréchal French se déploient à la gauche du dispositif français. (L'Illustration.)

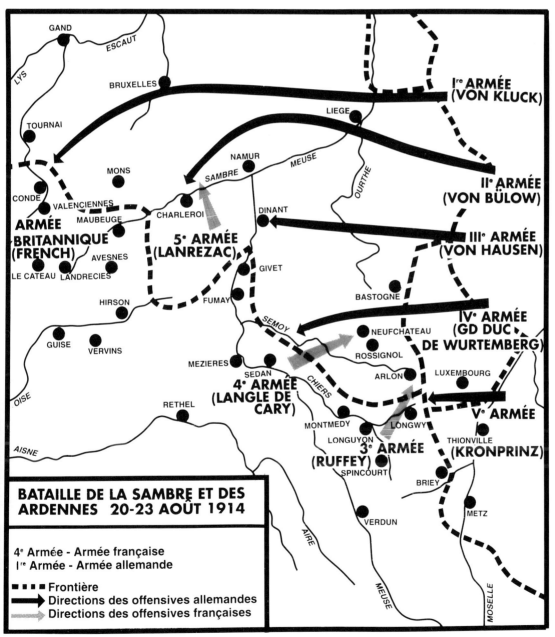

BATAILLE DE LA SAMBRE ET DES ARDENNES 20-23 AOÛT 1914

4ᵉ Armée - Armée française
Iʳᵉ Armée - Armée allemande
■■■■ Frontière
➤ Directions des offensives allemandes
➤ Directions des offensives françaises

Alors que la 5ᵉ Armée du général Lanrezac est prise à partie sur la Sambre à hauteur de Charleroi par la IIᵉ Armée allemande et au moment où les Saxons de von Hausen franchissent la Meuse à hauteur de Dinant, les 3ᵉ et 4ᵉ Armées françaises exécutent le plan conçu par Joffre et s'avancent à travers les Ardennes en direction d'Arlon et de Neufchâteau.

divisions de cavalerie allemandes étaient par ailleurs opposées à dix divisions françaises et quatre brigades britanniques. Des forces à peu près équivalentes en termes quantitatifs avec, nous l'avons vu, un net avantage à l'Allemagne quant aux conceptions tactiques, à l'instruction de la troupe et aux moyens en artillerie lourde de campagne. Mais quel plan le généralissime français envisageait-il de mettre en œuvre à partir de la concentration qu'il avait décidée ?

L'échec de la bataille des frontières a conduit ultérieurement le maréchal Joffre à prétendre qu'il n'avait aucun plan précis et qu'il entendait évaluer d'abord les intentions de l'ennemi, ce qui était en contradiction avec les préceptes fixés en 1913 par « l'Instruction sur la conduite des grandes unités » qui recommandait « l'offensive toutes forces réunies », sans perdre de temps à attendre un renseignement susceptible de révéler la manœuvre adverse...

Dès le 15 août, il apparaît clairement, grâce aux renseignements fournis par la 5e Armée, que les

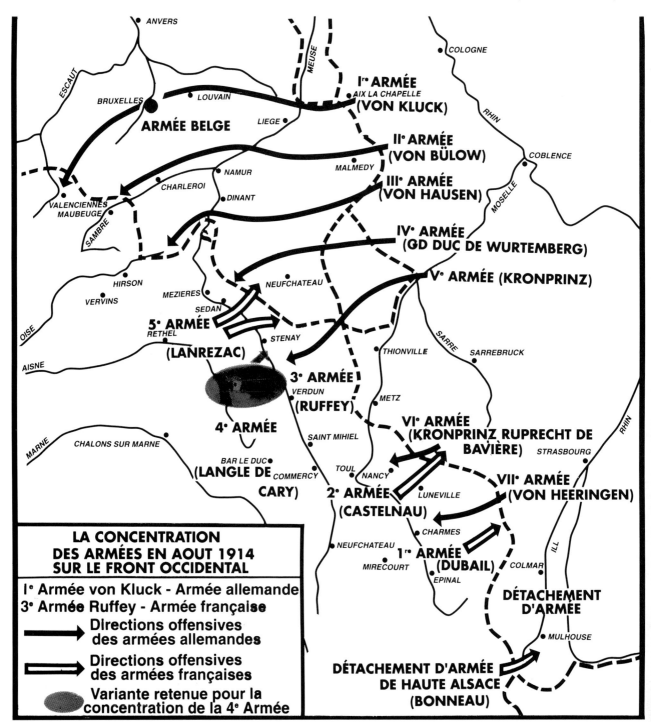

Le dispositif adopté par les Allemands pour leur concentration initiale commande d'emblée les grandes lignes de leur manœuvre, fondée sur un large débordement de l'aile gauche française impliquant l'invasion de la majeure partie de la Belgique. L'engagement en première ligne des grandes unités de réserve rend possible une manœuvre d'une telle ampleur, inattendue pour les Français.

Allemands produisent au nord-ouest l'essentiel de leur effort mais, selon Joffre, ce n'est que le 20 août que les intentions de l'ennemi apparaissent en pleine clarté. En réalité, cette interprétation permet a posteriori au généralissime de faire oublier l'échec des actions qu'il avait bel et bien prévues dès que l'invasion de la Belgique avait été confirmée. Il s'agissait pour lui de laisser s'avancer vers l'ouest la droite allemande appelée à venir buter sur la 5e Armée française et le Corps expéditionnaire britannique, l'Armée belge menaçant son flanc droit ; parallèlement, une action secondaire serait engagée en Lorraine, en direction de Sarrebourg par la 1re

On voit représentés ci-dessous les combats livrés à Dinant pour le contrôle du passage de la Meuse. Ce sont les troupes saxonnes de von Hausen qui parviendront à franchir le fleuve, menaçant désormais dangereusement l'aile gauche française engagée plus à l'ouest, sur la rive droite de la Sambre. (L'III.)

Les troupes allemandes entrent en Belgique ; elles y rencontrent une résistance inattendue puisqu'après la chute de Liège, l'Armée belge se retire sur le camp retranché d'Anvers. Les forces d'occupation vivent alors dans la crainte des francs-tireurs et elles commettront en plusieurs endroits de graves exactions.

Le général Léman, qui va défendre contre la ruée allemande la citadelle de Liège, ce qui fournira un gain de temps précieux pour les armées alliées, en mesure de se déployer vers l'ouest pour parer à la menace débouchant de Belgique.

Commandée par son roi Albert I, qui va gagner au cours de cette première guerre mondiale son surnom de « roi-chevalier », la courageuse armée belge fait face à l'envahisseur, gagnant ainsi de précieux délais aux forces alliées qui vont devoir l'affronter au cours des quinze jours suivants. On voit ici des fusiliers belges en position pour interdire une route aux forces ennemies. Refoulés vers l'ouest, les Belges se rétabliront derrière l'Yser au mois de novembre, ne sauvant ainsi de l'occupation qu'une part infime de leur territoire. C'est au Havre que s'installera le gouvernement en exil du roi Albert. (Le Miroir.)

françaises lancées dans les Ardennes, vers Arlon et Neufchâteau, à partir du 21 août.

Insuffisance des moyens d'artillerie lourde, conceptions tactiques erronées, plan d'opérations du généralissime fondé sur des erreurs initiales, autant de handicaps qui allaient peser très lourd dès les premiers engagements. Ceux-ci allaient aboutir à ce qu'il est convenu d'appeler la « défaite des frontières ».

Commandé par le général Bonneau, le détachement d'armée de Haute-Alsace s'engagea dès le 7 août sur Mulhouse mais sa progression fut très lente. Mulhouse occupée le 8 est évacuée le lendemain et Bonnau se voit retirer son commandement. Joffre constitue alors une Armée d'Alsace confiée au général Pau. Celui-ci réoccupe Mulhouse le 17 août mais l'échec des armées de Lorraine l'amène à se replier le 25 et seule une faible portion du territoire alsacien,

Armée, de Château-Salins et Morhange par la 2e. L'action principale serait engagée par les 3e et 4e Armées françaises contre le flanc gauche de la masse allemande défilant au nord des Ardennes, en direction de l'ouest. C'est cette conception d'ensemble qui explique le calme de Joffre et de Berthelot, constamment alertés par Lanrezac qui s'inquiète à juste titre du renforcement continu de l'aile droite allemande. Pour l'aide-major général, il est même souhaitable que les Allemands soient plus forts à l'ouest, car la rupture de leur centre affaibli n'en sera que plus aisée. Une seule donnée allait pourtant compromettre cette brillante manœuvre stratégique d'ampleur napoléonienne : les services de renseignement français n'avaient pas été en mesure d'informer le commandement de la présence des corps de réserve allemands en première ligne. Du coup, le centre adverse, que l'on pensait affaibli allait créer une très mauvaise surprise pour les unités des 3e et 4e Armées

avec Thann et Dannemarie demeurent aux mains des troupes françaises. La libération de la province perdue en 1871 devra encore attendre plus de quatre ans. En Lorraine, deux armées devaient s'engager entre Metz et les Vosges ; la Première, du général Dubail, dans la trouée de Sarrebourg, la Deuxième, du général de Castelnau en direction de Château-Salins et de Morhange ; leurs zones d'action respectives se trouvaient séparées naturellement par la région des Etangs. Offensive dangereuse puisqu'en cas de succès elle laisserait sur les flancs des armées françaises les deux régions fortifiées de Metz à l'ouest et de Strasbourg-Molsheim à l'est. Joffre cherchait en fait, par cette offensive de diversion, à fixer des forces adverses suffisamment importantes, au moment où l'essentiel de l'affrontement se jouerait plus à l'ouest. Alors qu'il ne s'agit que d'une diversion, Joffre va pourtant engager en Lorraine huit corps d'armée et un corps de cavalerie, c'est-à-dire à peu près le tiers des forces dont il dis-

ose. L'offensive est déclenchée le 14 août mais, ès l'après-midi, les unités françaises, qui proressent comme prévu, se heurtent à des feux 'artillerie lourde alors que les avant-postes llemands se replient sans combattre. Le repli llemand se confirme le 15 août mais, à l'état-najor du Kronprinz de Bavière, le chef du 3e ureau, le colonel von Mertz, se refuse à coire ue les Français de la 2e Armée seront « *assez ots pour pénétrer dans une nasse aussi visible, ntre la Sarre et la Nied, avec Metz dans leur 'os* »... Au soir du 16, le 20e Corps du général och occupe les premiers villages situés au nord e la frontière sans rencontrer de résistance. Le 7 au soir, il est proche de Château-Salins, ccupé le lendemain. Le 15e Corps occupe ieuze et le 16e borde le canal des Salines. A la e Armée, le 14e Corps atteint Sainte-Marieux-Mines et, le 18, une avant-garde entre à arrebourg en début d'après-midi. Le général nthoine, chef d'état-major de la 2e Armée, est quiet des réactions prévisibles de l'ennemi ais, depuis le Quartier Général, Berthelot lui rdonne d'accélérer la progression. Le 19, Cas-

Ci-contre, en haut : Une patrouille de cavalerie allemande dans un village lorrain. (*L'Illustration*.)

Le 17 août, le général Pau entre en Alsace mais dès le 2 août Georges Scot avait anticipé l'événement avec ce dessin allégorique publié dans *l'Illustration*.

Ci-dessous : *Le Miroir* publie alors cette vue d'Altkirch, cité alsacienne reconquise.

18

telnau s'exécute et demande à ses corps de pousser loin en avant, face à un « *ennemi qui cède* ». Une manœuvre qui rejouit le commandement de la VIe Armée allemande qui ordonne de lancer le 20 août, depuis Metz en direction de Delme, une puissante contre-attaque. Au même moment, la VIIe Armée allemande de von Heeringen débouche des Vosges pour prendre à partie la 1re Armée française. Dès 10 heures du matin le 20 août Castelnau doit ordonner un repli général alors qu'à la 1re Armée le 8e Corps a été rejeté de Sarrebourg. Bientôt, Dubail, soucieux de maintenir la liaison avec la 2e Armée, décide à son tour le repli sur la Vezouse. La déception est grande à Vitry-le-François où Joffre se console cependant, en considérant que l'action engagée en Lorraine y a fixé des effectifs alle-

mands importants, ce en quoi il s'illusionne complètement. Sans se décourager, il ordonne à la 1re Armée de tenir solidement les Vosges et à la 2e de se reconstituer derrière les crêtes du Grand-Couronné qui couvrent Nancy ; à ce moment, le généralissime attend le succès de l'action prévue à travers les Ardennes...

Avant d'en venir à l'engagement des 3e et 4e Armées, il convient d'analyser la situation de l'aile gauche française, confrontée avec une aile droite allemande dont le volume est en train de se révéler beaucoup plus important qu'on ne l'imaginait.

Le 20 août, alors que l'armée belge se rétablit à hauteur du camp retranché d'Anvers, la Ire Armée allemande est entrée à Bruxelles. Le lendemain, elle limite son avance vers le sud – car von Kluck veut être renseigné sur le dispositif que vont adopter les Anglais afin de mettre ses corps de droite en situation de les déborder. La IIe Armée von Bülow atteint le 21 la rive nord de la Sambre, entre Namur et Charleroi, alors que la IIIe Armée von Hausen se déploie le long de la Meuse entre Namur et Dinant. Le même jour, les corps de gauche de la 5e Armée française atteignent la rive droite de la Sambre, trop tard donc pour saisir les passages de la rivière. Lanrezac n'a reçu que le 15 l'ordre de déplacer vers le nord-ouest son dispositif et le Corps de Cavalerie Sordet, passé sous ses ordres le même jour, a été employé d'une manière trop incohérente depuis le début de la campagne, alors qu'une action décidée pouvait lui permettre de devancer l'ennemi sur la Sambre. Le 21, les deux adversaires sont face à face de part et d'autre de la vallée, mais Bülow et Lanrezac n'entendent pas engager le combat dans l'immédiat car ils veulent assurer leurs liaisons, avec les Ire et IIIe Armées allemandes pour le premier, avec les Anglais pour le second, qui souhaite également rassembler tous ses moyens avant le déclenchement de l'action. Le commandant de la 5e Armée ordonne même le 21, depuis son QG de Chimay, de ne combattre que sur la rive sud, là où l'infanterie pourra bénéficier des feux de l'artillerie. Il interdit en conséquence d'engager les fantassins dans un fond de vallée qui se présente comme une longue agglomération industrielle et minière ne pouvant constituer un champ de bataille propice.

Il est déjà trop tard, car dans la journée du 21, le 3e et le 10e Corps ont engagé le combat dans la vallée, pour le contrôle de plusieurs ponts de la Sambre. Leurs assauts furieux mais confus, sans appuis suffisants de l'artillerie aboutissent à autant d'échecs et, au soir du 22 août, deux des corps de la 5e Armée sont durement éprouvés. En revanche, le 1er et le 18e Corps sont intacts et l'armée anglaise est maintenant déployée à la gauche des forces françaises. Le 22, le général Franchet d'Esperey, qui commande le 1er Corps, envisage même de se jeter sur le flanc de Bülow. La manœuvre est sur le point de s'engager quand l'annonce du franchissement de la Meuse par la IIIe Armée allemande, dans la région de Dinant, fait craindre à Lanrezac d'être coupé sur sa gauche du reste de l'Armée. Il préfère donc ordonner la retraite. Il conserve l'essentiel de ses moyens et le butin réalisé par la IIe Armée allemande est relativement mince. De plus, la défaite subie sur la Sambre aurait pu apparaître comme un coup d'arrêt ponctuel face à un adversaire disposant de moyens très supérieurs si, entre temps, l'action des 3e et 4e Armées avait connu dans les Ardennes une issue heureuse.

Ce ne sera pas le cas. Lancée à travers une région boisée, contrainte de franchir la Semoy, dont les rives escarpées constituent un obstacle important, privée de renseignements car des reconnaissances trop nombreuses auraient nui à l'effet de surprise, la 4e Armée du général de Langle de Cary s'engage le 21 août sur la direction Paliseul-Neufchâteau, alors que la 3e marche vers Arlon. Paliseul et Virton sont atteints le 21 mais, dans la même journée, les IVe et Ve Armées allemandes ont pivoté sur leur gauche et présentent maintenant à notre offensive, non plus leur flanc, mais leur front. Or ce sont deux Armées allemandes deux fois plus puissantes que prévu (dix corps en tout au lieu des cinq imaginés) que les 4e et 3e Armées françaises vont devoir affronter. Des armées qui, de plus, se retranchent et disposent de moyens d'artillerie supérieurs, alors que la nature boisée du terrain rend difficile, dans le mouvement, l'emploi des 75. Là où Joffre espérait une surprise stratégique, les corps d'armée français sont engagés dans une bataille de rencontre qu'ils entament le plus souvent en colonnes de marche, dans les pires conditions. Dès le 22, le général de Langle de Cary prévoi de replier ses

corps à l'abri de la Semoy mais le GQG ne l'entend pas de cette oreille et, s'abusant toujours quant aux moyens dont dispose l'ennemi, il ordonne de relancer l'attaque. Le 23 au soir, Joffre considère toujours que ses deux armées disposent de la supériorité numérique... Le 24 au soir, de Langle n'en est pas moins contraint de replier ses corps derrière le Chiers et la Meuse. A la 3e Armée, l'issue est identique et la bataille de rencontre avec des forces supérieures s'est soldée par un même échec. Alors que le GQG recherchait l'effet de surprise, ce sont les deux armées françaises qui ont été elles-mêmes surprises en trouvant installé dans la forêt ardennaise l'ennemi que l'on croyait en marche vers l'ouest...

Pour Joffre il est désormais impératif d'ordonner la retraite car « ... *notre offensive générale en Belgique est définitivement enrayée et nous sommes condamnés à une défensive appuyée à nos places et aux grands obstacles du terrain, afin de durer le plus longtemps possible, en nous efforçant d'user l'ennemi et de reprendre l'offensive le moment venu...* » Il faut également tirer les leçons des échecs tactiques des jours précédents et, dans son « Instruction tactique » du 24 août, le généralissime précise que « *chaque fois que l'on veut conquérir un point d'appui, il faut préparer l'attaque avec l'artillerie et ne lancer l'infanterie à l'assaut qu'à une distance où l'on est certain de pouvoir attaindre l'objectif. Quand un point d'appui est conquis, il faut l'organiser immédiatement, s'y retrancher et y amener de l'artillerie...* » Sages préceptes qui auraient dû être mis en œuvre lors des premiers combats.

Alors que le commandement allemand pouvait s'estimer satisfait des résultats déjà obtenus, l'armée française était condamnée à s'engager dans une retraite incertaine qui risquait de livrer à l'envahisseur une partie toujours plus grande du territoire national.

Une batterie de 75 en cours de déplacement. La mobilité de l'artillerie légère française était indispensable à la conduite de la bataille et, en plusieurs circonstances, elle décida de la victoire. (L'Illustration.)

CHAPITRE II
La retraite et le sursaut

Au soir du **27 août**, le communiqué officiel allemand annonçait en ces termes la victoire des armées impériales : « *Neuf jours après la fin de leur concentration, les armées allemandes de l'ouest ont pénétré sur le sol français en livrant sans cesse des combats victorieux. De Cambrai aux Vosges méridionales, l'ennemi a partout été battu. Il n'est pas encore possible d'évaluer l'ampleur de ses pertes en tués, blessés et prisonniers en raison de l'étendue formidable des champs de bataille en partie couverts, boisés et montagneux...* » La réalité était moins apocalyptique pour les armées françaises qui, contraintes à la retraite du fait des erreurs initiales commises par leur chef, n'en conservaient pas moins l'essentiel de leurs moyens. C'est ainsi que la IIᵉ Armée de von Bülow, qui avait livré sur la Sambre le gros de l'effort allemand, n'avait fait qu'un nombre limité de prisonniers et il en allait de même des chiffres relatifs aux pertes de matériel subies par les Français, dont l'aile gauche n'était encore ni tournée ni anéantie.

Le désordre qui avait affecté certains corps après les combats livrés dans la région de Charleroi était surmonté comme on l'avait vu à la 5ᵉ Division du 3ᵉ Corps, reprise en mains énergiquement par Mangin dans la région de Laon. Contraint de retraiter à partir du 24 août, le soldat français ne se considérait pas comme battu et sa volonté d'en découdre demeurait intacte après le premier choc. En de nombreuses occasions, sa fougue et son élan avaient bousculé l'ennemi qui n'était pas parvenu à lui imposer l'ascendant moral si déterminant dans la conduite de la guerre.

Prudent, Bülow ne se lance que mollement à la poursuite de la 5ᵉ armée française qui bat en retraite depuis le 24. Deux jours plus tard, à Saint-Quentin, la conférence qui réunit Lanrezac, Joffre et French révèle l'incompatibilité d'humeur qui oppose le chef du Corps expéditionnaire britannique à celui de la 5ᵉ Armée. Quant à Joffre, il donne de nouveaux ordres à Lanrezac, en lui demandant de retraiter désormais sur La Fère et non plus sur Saint-Quentin. Revenu à son QG de Vervins. Lanrezac y prépare la mise en œuvre de ces nouvelles directives mais, le lendemain, à son nouveau QG de Marles, l'envoyé du généralissime, le lieutenant-colonel Alexandre, lui donne l'ordre d'attaquer sur Saint-Quentin. C'est l'occasion d'un échange très vif entre Lanrezac et le représentant du GQG, un incident qui vaudra au chef de la 5ᵉ Armée de se voir retirer son commandement quelques jours plus tard. Le **29 août**, les 3ᵉ

et 18ᵉ corps lancent l'offensive prévue, alors que le Corps expéditionnaire anglais, replié sur la ligne la Fère-Noyon, ne prend aucune part à l'action. A ce moment, le 10ᵉ corps établi en flanc-garde est vigoureusement pris à partie par trois corps allemands, dont le Corps de la Garde, une éventualité prévue par Lanrezac mais que Joffre, venu en personne au QG de la 5ᵉ Armée, avait écartée pour maintenir l'action décidée dans la direction de Saint-Quentin. Lanrezac réagit avec promptitude pour faire face à cette menace. Il limite l'ampleur de la poussée prévue vers Saint-Quentin, ramène vers le nord son 3ᵉ corps, et engage le 1ᵉʳ corps de Franchet d'Esperey et le groupe de cavalerie Abonneau, qui opère en liaison, à droite, avec la IVᵉ Armée. Le 1ᵉʳ corps vient s'établir entre le 3ᵉ et le 10ᵉ pour faire face aux Hanovriens et à la Garde. A l'ouest, le 18ᵉ corps a dû se replier sur l'Oise ainsi que le groupe de divisions de réserve Valabrègue mais, vers le nord, le succès est incontestable. les corps de Bülow lancés à la

Le général Lanrezac, commandant de la 5ᵉ Armée française au début de la guerre. Il sut conduire la retraite depuis Charleroi et donna même, à Guise, un sérieux coup d'arrêt à la IIᵉ Armée allemande.

poursuite d'une armée présumée en voie de dislocation font les frais d'une surprise tactique de grande ampleur, comparable à celle qui a été fatale aux 4e et 3e armées françaises au moment de leur rencontre avec les 4e et 5e armées allemandes dans les Ardennes, lors des combats d'Ethe ou de Rossignol. La Garde subit des pertes sévères. Décontenancé par ce coup d'arrêt inattendu, le commandement de la IIe Armée allemande refuse d'insister et les Allemands ne relancent pas l'attaque le lendemain. La victoire de Guise était la première réponse française aux échecs subis à Morhange, à Neufchâteau ou à Charleroi. Le sang-froid de Lanrezac et l'élan donné à la bataille par Franchet d'Esperey expliquent cette superbe victoire, obtenue dans des conditions pour le moins difficiles, avec des troupes épuisées par les combats de la semaine précédente et par une retraite qui durait depuis six jours. A Guise, la IIe Armée allemande a subi des pertes non négligeables et ses corps d'élite des unités de la Garde ont été durement éprouvés. De plus, la résistance inattendue à laquelle s'est heurté Bülow a conduit von Kluck à infléchir légèrement sa marche vers le sud-est, ce qui limitait d'autant le mouvement de débordement à l'ouest qui constituait l'essentiel du plan Schlieffen. Pour la seconde fois, l'Armée de Lanrezac avait en tout cas échappé à la manœuvre d'encerclement voulue par l'ennemie, contraint de poursuivre sa marche vers le sud, une marche qui ne pouvait à terme qu'affaiblir, en l'allongeant, son dispositif de l'aile droite...

Du côté anglais, à la gauche des forces françaises, la situation paraissait inquiétante. Les unités britanniques engagées à Mons avaient donné un coup d'arrêt significatif à la poussée de l'Armée von Kluck mais, confrontées à des forces bien supérieures, elles avaient dû entamer leur retraite le **23**. Le général French n'avait guère de sympathie pour Lanrezac, qui le lui rendait bien, et il ne manqua pas de protester à propos de la retraite de la 5e Armée dont il prétendait ne pas avoir été informé. Le **24**, il évite de commettre l'erreur qui eût consisté à se jeter dans la place de Maubeuge pour y chercher l'appui de l'artillerie lourde. Parallèlement, l'engagement à la gauche des Anglais des divisions territoriales du général d'Amade, du Corps de Cavalerie Sordet et des bataillons de chasseurs du colonel Serret retarda suffisamment les Allemands pour permettre aux Britanniques de leur échapper, le corps Haig dépassant par l'ouest la forêt de Mormal, le corps Smith-Dorrien par l'est. Le **26**, ce dernier corps résolut malgré tout d'accepter le combat dans la région du Cateau, face à un ennemi trois fois supérieur. Les Britanniques allaient perdre dans l'aventure quinze mille hommes et quatre-vingt canons mais, en attirant sur lui le 2e corps poméranien, le corps Sordet leur sauva la mise en permettant à Smith-Dorrien de décrocher en plein combat. Cette belle fraternité d'armes n'empêcha pas les généraux anglais de sombrer dans le plus noir pessimisme quant à l'issue de la campagne. Il

Le général Horace Smith-Dorrien, commandant le 2e corps de l'Armée britannique à partir de la mi-août. C'est lui qui devra consentir, au Cateau, de lourds sacrifices. (Le Miroir.)

ne fallait plus compter sur le corps britannique, qui retraitait désormais avec une étape d'avance sur les unités françaises. Lors de la bataille de Guise, livrée trois jours après celle de Cateau, l'absence des Britanniques condamna toute tentative de rétablissement d'une ligne défensive sur la position Amiens-Laons-Reims à laquelle songeait Joffre quelques jours plus tôt. La visite faite par le généralissime au QG britannique de Compiègne ne changea rien à l'affaire et French fit bientôt savoir qu'il ne pouvait assurer la liaison entre la 5e Armée française et la 6e alors en formation. Au sein de l'état-major anglais, certains pensaient déjà à un repli sur Saint-Nazaire, en vue d'un réembarquement. Selon le chef du Corps expéditionnaire, il ne fallait pas compter, en tout cas, sur un engagement de ses troupes en première ligne avant dix jours. Le **31 août**, il informait Lord Kitchener, son ministre de la Guerre, de son intention de se replier au sud de la Seine. Inquiet, Kitchener se rendit dès le lendemain en France pour y régler la crise franco-anglaise qui risquait de déboucher à court terme sur une catastrophe. Il conclut en ordonnant que « *le Corps expéditionnaire demeure engagé sur la ligne de combat, en se conformant aux mouvements de l'Armée française...* » Moment décisif car le retrait des Anglais aurait permis à l'aile droite allemande de réussir la manœuvre d'encerclement projetée et, en l'obligeant à réunir ses 5e et 6e Armées, elle aurait enlevé à Joffre la possibilité de la manœuvre qui devait, à son aile gauche, se révéler victorieuse quelques jours plus tard.

Le général Berthelot, aide-major général au Grand Quartier Général français. Principal conseiller de Joffre, il attend beaucoup de l'offensive lancée dans les Ardennes et souhaitera ensuite un repli général vers la Seine et l'Aube.

Le **31 août**, la retraite se poursuit mais, du côté allemand, c'est maintenant Kluck qui devance Bülow, qui serre lui-même sur sa gauche, limitant ainsi de nouveau l'ampleur du débordement vers l'ouest des armées de l'aile droite.

A la 3e Armée, le repli derrière la Meuse se déroulait dans de bonnes conditions, en partie grâce au coup de boutoir asséné dans la région d'Etain à une division de réserve et à des unités de landwehr ennemies par le général Maunoury. A la 4e Armée, la retraite s'opérait également en bon ordre et les unités françaises rejetaient meme vigoureusement leurs poursuivants dans la région de Stenay, dans celle de Sedan ainsi qu'entre Mézières et Rethel. En même temps que la retraite se poursuivait, le généralissime mettait sur pied un nouveau détachement d'armée, immédiatement transformé en une 9e Armée confiée à Foch, qui prenait le colonel Weygand comme chef d'état-major. Formée des 9e et 11e corps prélevés sur l'Armée de Langle de Cary et comprenant également les 52e et 60e divisions de réserve ainsi que la 9e division de cavalerie, cette nouvelle armée devait venir se placer entre la 4e et la 5e. En pleine retraite, le commandant en chef conduit donc une réorganisation de ses armées qui permettra, quelques jours plus tard, de faire front à la vague déferlante des armées d'invasion. Il apparaît en effet évident, faute d'un engagement suffisant des Anglais et en raison des lenteurs de la mise sur pied de la 6e Armée, qu'il ne sera pas possible de déborder l'aile droite allemande et de livrer bataille sur la ligne Amiens-Paris. La capitale va être investie et il faut imaginer une autre

manœuvre. A partir du **30 août**, l'aide-major général Berthelot et le chef du bureau des opérations, le colonel Pont, retiennent l'hypothèse d'une attaque centrale dont l'issue eût été pour le moins incertaine et qui eut risqué de jeter dans la nasse des armées ennemies déployées à l'est de Paris les forces qui étaient parvenues à échapper jusque-là à leur étreinte mortelle. Heureusement, la nouvelle direction prise par Kluck, les hésitations de Bülow, la relative passivité de von Hausen constamment sollicité pour venir en aide à la IIe Armée à sa droite et à la IVe à sa gauche, l'inconstance de Moltke enfin vont fournir au commandement français l'opportunité d'une autre manœuvre, celle qui devait décider de la victoire.

La situation était pourtant inquiétante au soir du 25 août. La 5e Armée, contrainte à la retraite après les combats de la Sambre, et suivie par l'Armée French, les armées de Lorraine ne pouvant plus envisager qu'une attitude défensive, et surtout les armées du centre, surprises et battues dans les Ardennes, rien ne se passait comme l'avait prévu le généralissime. Son principal mérite est alors de faire preuve d'un sang-froid exceptionnel, qui contraste totalement avec les inquiétudes et les hésitations qui prévalent au GQG allemand de Luxembourg.

A Paris, le ministère de la Guerre, Messimy, obtient le remplacement du général Michel par le général Galliéni au poste de gouverneur militaire de la capitale car, comme il l'annonce à ses collègues au cours du Conseil des ministres, *« les Allemands peuvent être ici dans dix jours... »* Propos qui exaspèrent Poincaré et entraînent pour une bonne part le remaniement du ministère Viviani, qui voit Millerand succéder à Messimy au ministère de la Guerre. Le **27 août**, le nouveau ministre se rend à Vitry-le-François pour y rencontrer Joffre, qui ne lui cache pas la gravité de la situation. Il n'est pas possible de livrer bataille sur une ligne Amiens-Laon-Reims-Verdun car l'aile gauche française ne pourra se rétablir à temps et la « défection » des Anglais l'interdit. Il faut donc envisager le repli du gouvernement sur Bordeaux. Le « courant passe » entre le ministre et le généralissime et, de retour à Paris le 28, Millerand rétablit la confiance du gouvernement, très critique vis-à-vis de Joffre depuis l'annonce des premières défaites.

Dans la capitale, Galliéni avait pris le commandement du « camp retranché » où la tâche à accomplir s'avérait immense. Le gouvernement lui donne tous pouvoirs pour cela le **30 août**, le jour même où Joffre lui demande d'évacuer la capitale que quittent des dizaines de milliers d'habitants partis chercher refuge en province pour échapper aux rigueurs d'un nouveau siège. Le gouvernement décide le **1er septembre** de partir le lendemain mais Millerand ordonne au commandant du camp retranché de défendre Paris *« jusqu'à outrance »*. Pour cela, Galliéni dispose de la 6e Armée, constituée en Picardie dans les derniers jours d'août et placée sous le

Ci-contre : Les troupes allemandes défilant dans Amiens, au cours des derniers jours d'août 1914. Au centre : La médaille « commémorative » qui avait été frappée pour célébrer l'entrée dans Paris des armées du Kaiser. C'est ce même événement qui est évoqué dans ce dessin allemand paru dans les « Lüstige Blätter » et légendé de la manière suivante : « Cette année, les grandes manœuvres d'automne se dérouleront à Paris... ». (L'Illustrations.)

commandement du général Maunoury, complétée par la 45e division algérienne du général Drude et par le 4e corps, venu de Verdun. Avec ses quatre divisions de réserve (55e, 56e, 61e, 62e), sa 14e Division issue du 7e corps et la brigade marocaine du général Ditte, cet ensemble de forces constitué dans la précipitation paraît un peu incohérent mais Galliéni doit faire avec. Le **2 au soir**, il installe son PC au lycée Victor-Duruy. Le **3 septembre au matin**, il fait afficher sur les murs de la capitale la proclamation « *aux habitants de Paris* » selon laquelle... « *Les membres du gouvernement de la République ont quitté Paris pour donner une nouvelle impulsion à la défense nationale. J'ai reçu le mandat de défendre Paris contre l'envahisseur. Ce mandat je le remplirai jusqu'au bout...* » En quelques heures, des barricades sont installées, des tranchées creusées, des chevaux de frise disposés dans toute la région s'étendant de Pontoise à Brunoy.

Au cours des heures qui suivent, les armées françaises prennent la disposition qui sera la leur au moment de l'affrontement suprême. Le Corps de Cavalerie Conneau a été déployé entre l'Armée anglaise et la 5e Armée pour assurer la continuité du dispositif. Dans les premiers jours de septembre, Joffre imagine encore une attaque frontale, entre Seine et Marne, contre l'aile droite allemande et il n'accorde qu'un rôle secondaire aux forces déployées à Paris.

Pourtant, dès le 31 août, la reconnaissance de cavalerie conduite par le capitaine Lepic du 5e Chasseurs a permis de constater que l'aile droite allemande était en train de bifurquer vers le sud-est à hauteur de Compiègne. Le même jour, des reconnaissances aériennes anglaises confirmaient que les Allemands avaient changé leur ordre de marche. Le lendemain, une carte récupérée sur le cadavre d'un officier allemand révélait l'ordre de bataille et les axes de marche

On voit sur ces trois photographies comment Paris est mis en état de défense dans les premiers jours de septembre. Des dizaines de milliers d'habitants ont quitté la capitale pour la province et le gouvernement a pris le chemin de Bordeaux, non sans avoir laissé à Galliéni, nommé

de l'Armée von Kluck. Les colonnes allemandes semblaient pourtant avoir repris leur marche au sud les 1er et 2 septembre pour aboutir sur la ligne Creil - Senlis - Nanteuil-le-Haudouin - Mareuil-sur Ourcq. Le **3 septembre cependant**, l'infléchissement au sud-est devient de nouveau manifeste. Alors qu'il s'attendait à devoir livrer bataille le lendemain. Galliéni doit prendre en compte cette situation nouvelle et il convient avec son chef d'état-major, le général Clergerie et son adjoint, le colonel Girodon, qu'il est impossible de ne pas saisir l'occasion d'attaquer le flanc ennemi qui défile désormais devant Paris. le **4**, les reconnaissances aériennes du capitaine de Faucompré et du sergent Lakman lèvent les derniers doutes. Les corps de von Kluck ont déjà franchi la Marne et se dirigent vers le sud-est et le cours du Petit Morin. Parallèlement, il n'y a pas de forces allemandes sur la route de Senlis à Paris et la rive droite de l'Oise est également vide d'ennemis. Sans attendre, Galliéni décide que Maunoury attaquera le lendemain le flanc de l'adversaire. Il faut cependant convaincre les Anglais de

gouverneur militaire et commandant du camp retranché de Paris, la mission de défendre la ville « jusqu'à outrance ». Du ravitaillement et du bétail sont amenés en ville en vue d'un siège éventuel, des barricades sont dressées et des tranchées creusées. Tout un plan de destructions est préparé pour permettre les tirs de l'artillerie... (Le Miroir.)

s'associer à la manœuvre. En début d'après-midi, le gouverneur militaire de Paris, son chef d'état-major et le commandant de la 6ᵉ Armée se rendent donc au QG britannique installé à Melun mais ils ne peuvent rencontrer que le chef d'état-major de French, sir Archibald Murray et ne peuvent en tirer aucune assurance. Pendant ce temps, au GQG de Joffre, transporté de Vitry-le-François à Bar-sur-Aube, on a constaté la nouvelle direction prise par le armées allemandes et bon nombre d'officiers pensent qu'il faut saisir rapidement l'occasion qui s'offre. Ce n'est pas l'avis de Berthelot qui souhaite poursuivre la retraite et doute des capacités de la 5ᵉ Armée à reprendre le combat. Finalement, Joffre se range à l'avis du colonel Pont et du commandant Gamelin et, après avoir pris connaissance des instructions données par Galliéni à la 6ᵉ Armée, il donne son accord pour une action à déclencher au sud de Lagny. Le soir même, sur proposition de Galliéni, le généralissime donne son accord pour que l'attaque se produise plutôt au nord de la Marne, en direction de Meaux. Parallèlement, toutes les autres armées se porteront à l'attaque le 6 septembre au matin.

Entre temps, Joffre a procédé à des remplacements significatifs à la tête des armées. Le **3 septembre**, à Sézanne, il signifie à Lanrezac, qui vient de conduire avec brio la difficile retraite que l'on sait qu'il lui retire son commandement pour le confier à Franchet d'Esperey. Quelques jours plus tôt, il a confié à Foch, secondé par Weygand, le commandement de la 9ᵉ Armée et, à la 3ᵉ Armée, il substitue Sarrail à Ruffey qui, pourtant, n'a pas non plus démérité. Ce sont surtout les contacts difficiles entre les deux chefs d'armée concernés et les représentants du GQG, le lieutenant-colonel Alexandre pour Lanrezac, le commandant Tannant pour Ruffey, qui ont valu à ces deux généraux la perte de leur commandement mais, si ces mesures étaient

Le général Galliéni, qui avait été l'un des fondateurs de l'empire colonial français, au Soudan, au Tonkin et à Madagascar, était parti en retraite quand la guerre éclata. Rappelé au service, il se vit confier le commandement de Paris et c'est lui qui, le premier, verra l'erreur commise par les généraux de l'aile droite allemande, quand ils infléchiront leur marche vers le sud-est. (L'Illustrations.)

parfaitement injustes, Joffre eut au moins le mérite de choisir des remplaçants de toute première qualité. Le **4**, le nouveau chef de la 5ᵉ Armée rencontre à Bray le général Wilson au moment où Galliéni s'efforce à Melun de convaincre le général Murray. French demeure réticent à s'engager et les dispositions contradictoires envisagées à Melun et à Bray ne l'encouragent guère. Informé, Joffre décide alors de se rendre auprès du chef de l'Armée anglaise. Arrivé à Melun au début de **l'après-midi du 5**, le généralissime va convaincre French de lui apporter son concours, en évoquant même « l'honneur de l'Angleterre qui est en jeu... » Son interlocuteur déclare « qu'il fera tout son possible » mais le génral Wilson, qui, à l'inverse de Murray, est favorable aux Français, traduit que « le maréchal a dit oui... ». L'atmosphère se détend alors rapidement et c'est pleinement rassuré que Joffre regagne le GQG, transféré le jour même de Bar-sur-Aube à Châtillon-sur-Seine. C'est là que, le **6 septembre**, à 7 h 30, le commandant en chef signera le fameux ordre du jour aux troupes qui sera transmis aux QG d'armées à partir de huit heures. Comme l'ordre de Pétain lancé de la mairie de Souilly le 25 février 1916, celui de Joffre va entrer dans la légende de la Grande Guerre : « Au moment où s'engage une bataille dont dépend le sort du pays, il importe de rappeler à tous que le moment n'est plus de regarder en arrière ; tous les efforts doivent être employés à attaquer et à refouler l'ennemi. Une troupe qui ne peut plus avancer devra, coûte que coûte, garder le terrain conquis et se faire tuer sur place plutôt que de reculer. Dans les circonstances actuelles, aucune défaillance ne peut être tolérée ».

Depuis la veille au soir, la bataille s'était rallumée à l'est de Paris où la 6ᵉ Armée prenait à partie le 4ᵉ corps de réserve qui constituait la flanc-garde de la Iʳᵉ Armée allemande. A 18 h, Franchet d'Esperey avait lancé à sa 5ᵉ Armée l'ordre d'attaquer la IIᵉ Armée allemande dès le lendemain.

Alors que le camp français prépare les conditions de la victoire, c'est l'indécision qui règne

Au moment où s'engage une bataille dont dépend le salut du pays, il importe de rappeler à tous que le moment n'est plus de regarder en arrière. Tous les efforts doivent être employés à attaquer et refouler l'ennemi

Une troupe qui ne peut plus avancer devra coûte que coûte garder le terrain conquis et se faire tuer sur place plutôt que de reculer. Dans les circonstances actuelles aucune défaillance ne peut être tolérée.

6 septembre 1914

Le général Commandant en chef

J. Joffre

Ci-contre : Le fameux ordre du jour de Joffre décidant la fin de la retraite et la reprise de l'offensive à partir du 6 septembre au matin. Il faudra plutôt « se faire tuer sur place que reculer... ».

à Luxembourg, au GQG allemand. Inquiet de l'avance des Russes aux frontières de la Prusse orientale, Moltke a décidé le 25 août d'expédier vers le front de l'Est six corps prélevés sur le front occidental. Deux jours plus tard, les informations rassurantes que lui envoie Hindenburg, sur le point de remporter la grande victoire de Tannenberg, l'amènent à ne faire partir que deux corps mais ceux là – le 11e corps pris à la IIIe Armée et le Corps de réserve de la Garde pris à la IIe – sont prélevés sur l'aile marchante, là où les Allemands avaient pourtant besoin du maximum de forces. L'absence de ces deux corps pèsera évidemment très lourd quelques jours plus tard.

Installé à Luxembourg, le général en chef allemand se trouve trop loin de ses armées, à moins de cent kilomètres, certes, de celles du centre mais à deux cents cinquante kilomètre de celles de l'aile droite sur lesquelles repose l'issue de

L'Armée allemande au cours de la campagne de 1914. L'Armée allemande fit un meilleur emploi que l'Armée française des mitrailleuses au cours des combats de l'été. On voit ci-contre l'artillerie légère allemande dans la zone des combats. Elle disposait du « 77 ». Des fantassins allemands se préparent (ci-dessous) pour l'assaut. (Le M.)

la bataille. Ses liaisons téléphoniques ayant été coupées, leur rétablissement se fait avec lenteur et le GQG est en fait très mal renseigné sur ce qui se passe en première ligne, une insuffisance qui sera la source de nombreux mécomptes. Cette situation aurait dû conduire le commandement allemand à installer un PC avancé à l'arrière de son aile droite, mais aucune mesure de ce type ne fut envisagée. Alors qu'un corps de la IIe Armée et un autre de la IIIe avaient été envoyés vers le front de l'Est, il fut décidé d'en prendre un autre à la 1re Armée, le 3e, pour faire face à une contre-attaque belge en provenance d'Anvers. Prélevé sur la IIe Armée, le 7e corps de réserve était retenu par le siège de Maubeuge, alors qu'une division de la IIIe Armée de von Haussen était retenue, elle, par l'investissement de Givet. Enfin, une brigade laissée en garnison à Bruxelles avait été prise sur le 4e corps de réserve de la 1re Armée, celui qui encaissera le premier, à l'est de Paris, l'attaque de la 6e Armée française. Tous ces prélèvements constituaient des fautes graves, dans la mesure où ils affaiblissaient la fameuse aile droite en laquelle Schlieffen avait mis tous ses espoirs. Largement supérieure le 21 août, sur la Sambre, aux forces qui lui sont opposées, elle va se retrouver dans la situation inverse sur l'Ourcq, les Morins et la Marne quinze jours plus tard...

Moltke craint de plus un débarquement anglais à Anvers ou Ostende et imagine contre son flanc droit une contre-attaque anglo-belge. Quand il voudra rappeler, une fois la bataille engagée sur la Marne, son 9e corps déployé face à Anvers, une simple sortie de l'Armée belge l'amènera à dépêcher immédiatement un contre-ordre qui bloquera devant le grand port flamand trois divisions allemandes (celles du 9e corps et la 6e division du 3e) qui eussent été bien utiles dans la région de Villers-Cotterets... De la même manière, le général en chef allemand craint une contre-attaque en provenance de Verdun et

L'armement léger est comparable dans les deux camps. On voit ci-dessus une mitrailleuse française et ses servants. La mystique de l'offensive et de la rapidité fit qu'en 1914 on négligea le précieux appui que pouvaient constituer les feux de mitrailleuse. Ci-contre, le fameux canon de « 75 », à qui la presse voulut attribuer, un peu abusivement, la victoire de la Marne. (Le M.)

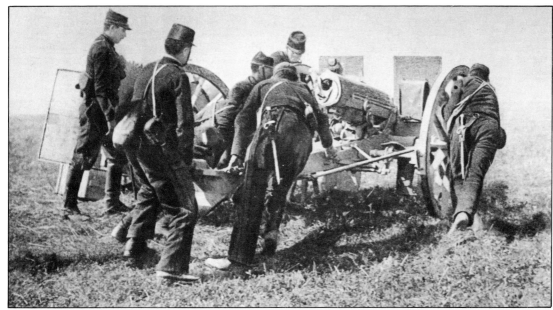

hésite, pour cette raison, à engager trop loin en avant ses armées du centre, un scénario pourtant inévitable s'il maintient fermement les objectifs initialement fixés à sa Ire Armée : atteindre la Seine à l'ouest de Paris, de Pontoise à Meulan. Soucieux d'éviter l'ouverture d'une brèche au centre de son dispositif, il envoie donc le 2 septembre à Bülow, qui a autorité sur la IIe Armée, mais aussi sur la Ire, l'ordre suivant : *« refouler les Français en direction du sud et en les coupant de Paris. La Ire Armée suivra la IIe en échelon et assurera en outre la couverture du flanc des armées »*. Ce qu'ignore Moltke, c'est que la Ire Armée, lancée à la poursuite des Anglais, a en réalité dépassé la IIe, retardée par le coup d'arrêt que lui a infligé à Guise la 5e Armée française.

Contrairement à la légende accréditée par la suite de la « désobéissance » de von Kluck, celui-ci considère naturellement qu'il est dans la meilleure situation, à une étape d'avance de Bülow, pour appliquer l'essentiel des instructions de Moltke : *« refouler les Français vers le*

Ci-dessus : Des fantassins français prêts à se lancer à l'assaut. (Le Miroir.)

Le général von Heeringen, qui commande la VIIe Armée allemande. (Le Miroir.)

sud-est en les coupant de Paris ». Cette mission l'emporte évidemment, dans l'esprit du chef de la Ire Armée sur la demande qui lui était faite de s'échelonner par rapport à la marche de la IIe Armée. Obéir sur ce deuxième point, c'est prendre au moins quarante-huit heures de retard dans la poursuite, c'est-à-dire laisser le temps aux Français de se reconstituer sur la Seine au sud-est de Paris.

En même temps qu'il pousse en avant le 9e corps du général von Quast, suivi par les 3e et 4e, von Kluck, dont les troupes franchissent rapidement la Marne, demande à Luxembourg des renseignements sur la situation générale des armées allemandes et sur celle des forces ennemies. Il réclame également des renforts pour assurer plus solidement la sécurité de son flanc face à l'ouest.

Au GQG allemand, on s'affole tout au long de la journée du **4 septembre** et, au soir, Moltke transmet de nouvelles instructions. Il ordonne à la Ire Armée et à la IIe Armée de faire face à Paris. Quand Kluck prend connaissance de cet ordre, ses troupes marchent déjà vers la Seine et il ne peut être question de leur faire faire demi-tour. Il répond en proposant *« de mener la poursuite jusqu'à la Seine et de se retourner ensuite vers Paris pour l'investir ».*

A la réception de cette réponse, Moltke est complètement décontenancé. Il a obtenu des renseignements sur les déplacements de troupes et les concentrations que Joffre est en train de

réaliser et, de plus, la rumeur circule d'un débarquement anglo-russe imminent en Flandre. Pour y parer, le général en chef décide d'affaiblir ses armées engagées en Lorraine afin de ramener des forces en Belgique où il craint l'apparition de ce nouveau danger. Reconstituée en Belgique, la VIIe Armée de von Heeringen sera donc inactive durant toute la bataille de la Marne et n'interviendra que pour stopper sur l'Aisne la contre-offensive française...

Entre-temps, au soir du **5 septembre**, le lieutenant-colonel Hentsch, chef du 2e Bureau du GQG, est arrivé à Rebais, au QG de la Ire Armée. Quand Kluck et ses adjoints, son chef d'état-major von Kühl et son sous-chef d'état-major, le colonel Grantoff, prennent connaissance de la situation telle que la leur expose l'envoyé du GQG, leur surprise est totale car ils n'ont aucunement été informés jusque-là de la situation des diverses armées et des mouvements en cours de l'adversaire. Tout le monde convient qu'il est préférable de se replier au nord de la Marne. Les ordres correspondants sont donc donnés pour le lendemain 6 septembre mais les chefs allemands pensent encore qu'ils ont tout le temps nécessaire. Ces décisions sont à peine prises qu'un renseignement inquiétant arrive au QG de la Ire Armée. Le 4e corps de réserve du général Gronau, qui assurait à hauteur de l'Ourcq la flanc-garde du dispositif allemand, avait été attaqué dans la journée par des forces sorties du camp retranché de Paris... Sur l'ensemble du front allant de Paris à Verdun, la gigantesque bataille est sur le point de s'allumer mais, pour Joffre, il ne peut être question de victoire si, à l'est, les 1re et 2e Armées cèdent sous la pression des VIe et VIIe Armées allemandes. Prélude indispensable à la Marne, Castelnau et Dubail doivent interdire à l'adversaire de dépasser les crêtes du Grand-Couronné et de s'enfoncer dans la trouée de Charmes.

CHAPITRE III
Castelnau vainqueur sur la Meurthe

Le général Foch, qui commandait le 20e corps de la 2e Armée, se voit confier dans les derniers jours d'août, le commandement d'un détachement d'Armée appelé à devenir immédiatement la 9e Armée. (Le Miroir.)

La guerre avait mal commencé en Lorraine. Lancées sur Sarrebourg et sur Château-Salins de part et d'autre de la région des Etangs, les 1re et 2e Armées des généraux Dubail et Castelnau avaient dû retraiter précipitamment quand il était apparu que cette offensive inconsidérée les mettait à la merci des contre-attaques allemandes lancées depuis Metz et le nord des Vosges. Six jours après le début de l'action, l'échec subi le 20 août à Morhange par le 20e corps du général Foch augurait mal de la suite des événements, d'autant plus que la retraite du 15e corps avait été injustement interprétée par certains comme une déroute inquiétante. A l'inverse, la victoire des corps bavarois du Kronprinz Ruprecht avait déclenché l'enthousiasme dans le camp ennemi. Les armées françaises de l'est, apparemment mises hors de cause au moins pour un temps, la sagesse eût commandé à Moltke de prendre plusieurs corps à ses VIe et VIIe Armées pour les dépêcher à l'ouest de son aile marchante, là où, selon le général-comte von Schlieffen, devait se jouer le sort de la guerre. A ce moment, le généralissime

allemand fait déjà preuve de l'indécision qui se révèlera fatale. Les renseignements qu'il a reçus des Ire et IIe Armées sont très encourageants. Alors que deux armées françaises refluent vers le sud entre Metz et les Vosges, von Kluck fait déjà défiler le 20 août ses troupes dans Bruxelles. A sa gauche, Bülow s'apprête à aborder les rives nord de la Sambre pour engager dès le lendemain la bataille dite de Charleroi. Face à une aile gauche française plus faible, l'aile droite allemande doit emporter sur les frontières le succès décisif qui permettra l'enveloppement par l'ouest de tout le dispositif ennemi. Dans ces conditions, il est inutile de dépêcher des renforts à Kluck, à Bülow ou aux Saxons de von Hausen car tout porte à croire qu'ils arriveront trop tard pour prendre part à la grande victoire qui s'annonce. Dans ces conditions il était préférable, selon le chef des armées allemandes, de poursuivre l'offensive si bien engagée en Lorraine afin d'y porter le coup de grâce aux 1re et 2e Armées françaises. Cela correspondait aux vœux du Kronprinz Ruprecht de Bavière, commandant de la VIe Armée allemande, qui fit valoir au GQG que ses troupes, exaltées par les premières victoires verraient leur moral atteint si on les condamnait désormais à la défensive ou si on les déplaçait d'un front où elles semblaient avoir l'ennemi à leur merci.

Dans le camp français, Castelnau conserve, au soir du 20 août, tout son sang-froid. De son PC d'Arracourt, il organise la retraite de ses trois corps d'armée (20e, 15e, 16e) puis se replie sur Nancy pour installer son QG à la caserne Blandan, qu'il connaît bien pour y avoir séjourné à l'époque où il commandait, de 1900 à 1906, le 37e régiment d'infanterie. Dans la nuit, il donne ses ordres pour reconstituer un front cohérent dès la journée du lendemain, avec le 16e corps dans la région de Lunéville, le 15e dans celle de Dombasle, le 20e vers Saint-Nicolas-du-Port. Il faut cependant imaginer le pire et le commandant de la 2e Armée expose au commandant Fetizon, qui assure la liaison avec le GQG, les diverses hypothèses de repli auxquelles il songe, la plus importante impliquant la perte de Nancy et la reconstitution d'une défense cohérente entre Toul et Epinal Ces hypothèses suscitèrent une grande inquiétude au GQG et Joffre, qui allait bientôt admettre l'abandon de Paris, fit savoir qu'il fallait coûte que coûte défendre Nancy, ce que Castelnau ne songeait pas à contester. Au soir du 21, la retraite de la 2e Armée s'était effectuée dans de bonnes conditions sans que l'ennemi, épuisé par ses efforts, ait été en

30

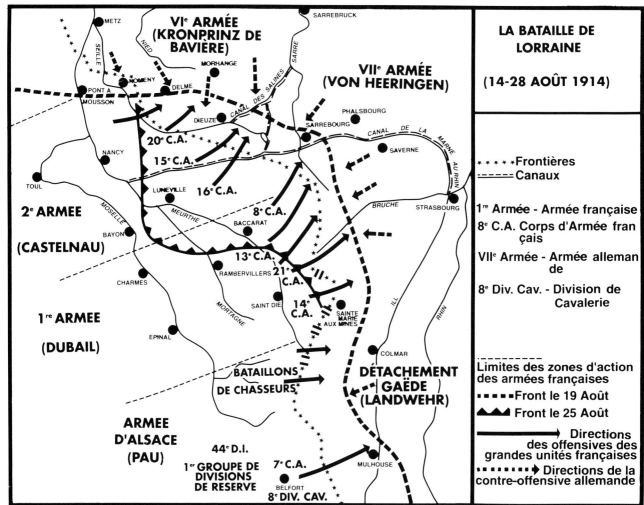

LA BATAILLE DE LORRAINE

(14-28 AOÛT 1914)

* * * * Frontières
------- Canaux

1re Armée - Armée française
8e C.A. Corps d'Armée fran çais
VIIe Armée - Armée alleman de
8e Div. Cav. - Division de Cavalerie

Limites des zones d'action des armées françaises
Front le 19 Août
Front le 25 Août
Directions des offensives des grandes unités françaises
Directions de la contre-offensive allemande

mesure de la contrarier. Après avoir avancé assez mollement dans la journée du 21, les forces allemandes reprennent l'offensive le **22** contre la 2e Armée dont les forces sont installées sur le Grand-Couronné et sur la ligne de la Meurthe, de Nancy à Lunéville. Débouchant de la forêt de Parroy, au nord-est de Lunéville, les Bavarois contraignent au repli la 31e division du 16e corps. Certains éléments de la division résistent à Jolivet mais doivent à leur tour céder sous la pression du feu allemand. L'intervention de l'artillerie déployée sur la rive droite de la

Vezouse permet de soulager la division française mais Castelnau comprend qu'une résistance sans esprit de recul serait suicidaire et il préfère ordonner un repli qui implique la perte de Lunéville. Au sud de cette ville le terrain se prête en effet à la défensive puisque quatre cours d'eau orientés dans la même direction, la Vezouse, la Meurthe, la Mortagne et la Moselle, constituent autant de coupures où accrocher une résistance solide. Avec les renforts fournis par les 64e et 74e divisions de réserve, les unités de la droite de la 2e Armée vont pouvoir se

Le Kronprinz Ruprecht de Bavière, commandant de la VIe Armée allemande qui, au lendemain de Morhange, va tenter de s'enfoncer dans la trouée de Charmes.

deux corps allemands allaient présenter leur flanc à la 2e Armée. Pour Castelnau, il convient maintenant d'ordonner aux 15e et 16e corps appuyés par le 8e, de faire front à la poussée allemande pendant que le 20e corps se lancera dans le flanc des Bavarois. La cavalerie mène plusieurs combats de retardement qui facilitent la tâche des artilleries divisionnaires en cours de déploiement. Pendant toute la journée du **24**, le deuxième bataillon de chasseurs défend avec acharnement Gerbéviller, dont il ne reste bientôt qu'un amas de ruines. Au soir du 24, le général Dubail, qui sait que sa 1re Armée va encaisser le lendemain l'essentiel du choc, vient installer son PC à Rambervillers. Le **25**, son 21e corps et son 14e corps attaquent l'ennemi sur les deux rives de la Meurthe. L'avant-veille, Badonviller est tombée après des combats furieux et, au cours de la nuit suivante, les Allemands se sont emparés de Raon-l'Etape. C'est à partir de là qu'ils se lancent sur Fagnoux, dès l'aube du 25. Après avoir résisté toute la matinée, les Français finissent par se replier sur le col de La Chipotte mais il apparaît maintenant évident à leurs adversaires qu'il ne s'agit en aucun cas de la poursuite d'un ennemi défait. Chaque avancée doit en effet être payée au prix fort. A midi, Rambervillers est menacée et les unités du 8[e]

reconstituer alors que l'assaillant devra livrer plusieurs attaques successives pour passer. Si l'Allemand s'engage dans l'entonnoir que constitue le terrain formé par le triangle Nancy-nord des Vosges-Charmes, il présente son flanc aux contre-attaques que pourra lancer d'ouest en est la 2e Armée.

Au **soir du 22**, Castelnau fait donc retraiter les 31e et 37e divisions d'infanterie qui se sont brillamment battues pendant plusieurs heures et, au cours de la nuit suivante, les Allemands pouvaient occuper Lunéville. De son poste de commandement installé à Pont-Saint-Vincent, au confluent du Madon et de la Meurthe, Castelnau attend l'ennemi avec ses forces installées sur les hauteurs qui dominent la route de Lunéville à Bayon. Recueillis par les 64e et 74e divisions de réserve, les 15e et 16e corps se reforment rapidement. L'artillerie de corps d'Armée peut se déployer sur la croupe de Belchamp qui, haute de plus de quatre cents mètres, domine l'ensemble du terrain où l'ennemi s'apprête à s'engager. Au nord-ouest, le 2e Groupe de Divisions de Réserve (59e, 68e et 70e Divisions) du général Léon Durand tient les hauteurs du Grand-Couronné. A droite du dispositif, le Corps de Cavalerie Conneau assure la liaison avec le 8e corps de la 1re Armée. Durant la journée du 23, les attaques lancées à deux reprises par l'ennemi au nord de Dombasle sont immédiatement stoppées par les feux d'artillerie du 20e corps. Mais ce ne sont là que des escarmouches. Le lendemain, les choses sont plus sérieuses et c'est toute une division bavaroise qui s'avance vers le sud, bientôt suivie par les gros de la VIe Armée qui s'avancent vers Maixe et Gerbéviller. De Nancy à l'entrée de la trouée de Charmes,

Le général de Castelnau, commandant de la 2e Armée, va réussir à sauver Nancy et à préserver, avec des moyens réduits par les prélèvements que Joffre opère sur les armées de l'est, l'aile droite du dispositif français. (L'Illustrations.)

corps concentrées dans la région d'Essey-la-Côte subissent le feu de l'artillerie allemande. A Roselieures, ce corps doit se replier vers Fauconcourt et les Bavarois qui s'approchent du cours de la Moselle risquent de séparer les 2e et 1re Armées, dont la liaison repose sur la résistance du 8e corps. Castelnau décide alors d'engager ses 15e et 16e corps dans le flanc de l'ennemi, étiré sur une vingtaine de kilomètres. En début d'après-midi, les Allemands doivent abandonner Rozelieures. A quinze heures, Castelnau lance son ordre fameux : « *En avant, partout, à fond* ». Moriviller, La Naguée sont repris. Le 15ᵉ corps reprend sa marche en avant et s'approche de Lunéville. La cavalerie est chargée de poursuivre mais l'épuisement des chevaux et des hommes limite son action. A Mont-sur-Meurthe, le combat demeure longtemps indécis mais les Français reprennent le contrôle de la Mortagne et de la Meurthe. Les Bavarois se sont solidement retranchés et la situation semble se stabiliser au cours des heures suivantes. Le **29**, cependant, Gerbéviller est repris à l'issue de combats acharnés. le lendemain, les Français atteignent Fraimbois, au sud de Lunéville.

Du côté allemand, la déception est grande et il faut bien admettre que la tentative lancée contre la trouée de Charmes aboutit en fait à un échec. Le chef d'état-major du Kronprinz Ruprecht, Kraft von Delmensingen, se voit même obligé d'avouer l'impossibilité pour ses troupes d'avancer de nouveau contre un ennemi beaucoup plus coriace qu'on ne l'avait imaginé. Le **30 août**, le général Ritter von Wenniger, envoyé au GQG de Luxembourg y est fraîchement reçu par Moltke et s'entend dire que « *la VIᵉ Armée ne fait rien...* ». La confusion semble alors gagner le commandement allemand. A Dieuze, au QG de la VIᵉ Armée, le commandant Bauer, responsable de l'artillerie lourde au GQG, propose de fournir à Ruprecht toutes les pièces lourdes de Metz, de Strasbourg et de Mannheim pour forcer la défense de Nancy, une action reconnue nécessaire depuis que, le 25 août, la contre-attaque de la 2ᵉ Armée française a empêché la poursuite de la progression vers le sud. Quand le commandant Xylander, envoyé par Ruprecht, se rend ensuite à Luxembourg, c'est pour y apprendre de la bouche du colonel Tappen, chef du bureau des opération du GQG, qu'il s'agit seulement pour la VIᵉ Armée de fixer en Lorraine le maximum de forces ennemies et qu'il n'a jamais été question d'une grande entreprise stratégique dans ce secteur... L'artillerie lourde sera mise à la disposition du Kronprinz impérial, aux prises avec la position fortifiée de Verdun. En revanche, il faut reprendre l'attaque sur la Moselle. Au cas où celle-ci ne pourrait déboucher, le commandement suprême envisage un repli général sur des positions défensives. Contradictions et incertitudes semblent donc présider dès ce moment aux décisions du commandement allemand qui n'a plus d'yeux désormais que pour le théâtre d'opérations des armées du centre et de la droite. Le **2 septembre**, Kraft von Delmensingen et le chef de son 3ᵉ bureau, le commandant Mertz, sont au GQG de Luxembourg. Ils y font valoir que, face à un ennemi solidement appuyé sur ses places fortes du nord-est et connaissant parfaitement les ressources du terrain, il ne leur est plus possible de maintenir leur attitude offensive sur l'ensemble du champ de bataille des jours précédents. Les contraintes d'un déplacement de l'Armée et le mauvais effet qu'aurait sur le moral de la troupe un repli trop important amenaient von Delmensingen à souhaiter l'engagement de la VIᵉ Armée contre Nancy. Les Français, qui

Le général Dubail, commandant de la 1ʳᵉ Armée, va prendre lui aussi une part décisive à la défense de nos frontières de l'est, en contrôlant les crêtes du massif vosgien.

venaient de compenser le succès remporté sur la Meurthe les échec subis à Morhange et à Sarrebourg, refuseraient à coup sûr d'abandonner la capitale de la Lorraine dont la chute aurait une signification politique et symbolique insupportable pour l'opinion. On pouvait donc imaginer qu'ils allaient concentrer là d'importants moyens qui ne seraient pas déplacés vers les armées de l'aile gauche où devait se jouer le sort de la campagne. De plus, la proximité de Metz et la densité des voies ferrées permettrait d'amener rapidement à pied d'œuvre la puissance de feu nécessaire. Il est donc convenu que deux jours plus tard, le 4 septembre, la VIIᵉ Armée va prendre à partie la 1ʳᵉ Armée française pour lui enlever Rambervillers, alors que l'aile droite de la VIᵉ Armée déclenchera l'attaque contre les crêtes du Grand-Couronné qui constituent la protection naturelle de Nancy en direction du nord. Le colonel Tappen, puis le général en chef approuvent le plan, parfaitement conçu, du chef d'état-major de la VIᵉ Armée.

Dans le camp français, le succès remporté par Castelnau et Dubail a rassuré Joffre quant à la solidité de son aile droite. Il peut donc prélever de ce côté des forces qui seront indispensables pour contenir les armées d'invasion qui ne sont pas encore parvenues à envelopper son aile gauche. Dans la **nuit du 2 au 3 septembre**, Castelnau reçoit ainsi l'ordre de faire partir pour la 9ᵉ Armée de Foch sa 18ᵉ division d'infanterie. Il doit également donner son 15ᵉ corps à la 3ᵉ Armée qui doit elle-même envoyer son 4ᵉ corps à la 6ᵉ Armée et son 21ᵉ corps à la 4ᵉ. Prélevé lui aussi sur le front de Lorraine, le Corps de Cavalerie Conneau doit assurer la liaison entre la 5ᵉ Armée et les Anglais. Affaiblies par ces transferts, les 1ʳᵉ et 2ᵉ Armées sont condamnées à une attitude de défensive mais c'est de la solidité de leur résistance que va dépendre le succès attendu de la manœuvre conduite à l'ouest, sur l'Ourcq et sur la Marne.

CHAPITRE IV
L'affrontement sur l'Ourcq

Alors que Kluck, emporté par un élan apparemment irrésistible, lance ses corps à la poursuite de l'aile gauche ennemie, c'est-à-dire de l'Armée anglaise et de la 5e Armée française, il ne peut évaluer, faute de renseignements, l'ampleur de la menace que fait maintenant peser sur lui le camp retranché de Paris. en renonçant, le 2 septembre, à franchir la Marne, il eût été en situation d'affronter victorieusement la 6e Armée du général Maunoury mais, trois jours plus tard, quand son 4e corps de réserve, qui assure la flanc-garde de sa manœuvre, l'informe qu'il est pris à partie par des unités venant du camp retranché de Paris, il est bien tard pour réagir sans mettre en péril la liaison indispensable avec la IIe Armée de von Bülow.

Le général Maunoury, qui commandait l'un des corps de la 3e Armée à la déclaration de guerre, a été chargé de constituer en Picardie, puis autour de Paris, une 6e Armée dont l'entrée en action se révélera décisive lors du déclenchement de la bataille de septembre. (L'Illustrations.)

A onze heures du matin, le **5 septembre**, le général von Gronau, qui commande le 4e corps de réserve est informé que des colonnes d'infanterie françaises s'avancent sur sa droite. A midi, il a mesuré l'ampleur du péril et, des hauteurs de Monthyon, l'artillerie allemande tire sur les

batteries françaises en train de se déployer. La bataille s'engageait à l'est de Paris.

Remarquable tacticien, von Gronau comprend qu'il doit se garder de tout attentisme et il décide de prendre l'initiative. Il donne rapidement à ses divisions d'infanterie l'ordre d'attaquer l'ennemi, la 4e division de cavalerie devant déborder par le nord. Les deux adversaires devaient se disputer les lignes de crête qui couvraient le cours de la Marne de Meaux et de l'Ourcq. D'emblée, l'affrontement est général et d'une extrême violence : au sud, la brigade marocaine du général Ditte bouscule les Allemands mais elle est couchée par le feu sur les pentes du piton de Penchard. Plus au nord, la 55e division de réserve s'avance, pour sa part, à l'assaut des hauteurs de Monthyon en partant de la ligne Plessis-l'Evêque, Iverny, Villeroy. C'est

C'est sur la rive droite de la vallée de l'Ourcq que vont se déchaîner les premiers combats de la bataille de la Marne, quand la 6e Armée française viendra prendre à partie le corps qui flanc-garde la Ire Armée allemande.

Le général Albert Ditte, commandant de la Brigade marocaine affectée à la 6e Armée. Ses hommes feront preuve d'un allant extraordinaire lors des combats de l'Ourcq.

Ci-dessus : Un épisode de la « surprise de Neufchâteau ». Engagées dans les Ardennes, les 3ᵉ et 4ᵉ Armées françaises tombent sur des forces allemandes deux fois plus importantes que prévu car le commandement ignorait l'engagement en première ligne des corps de réserve ennemis. A l'issue des violents combats livrés à Bertrix, Ethe ou Rossignol, les deux Armées françaises entament une retraite qui durera jusqu'au début du mois de septembre.

Ci-dessous : L'attaque des Bavarois en Lorraine. Le 20 août, la contre-offensive allemande se déclenche à hauteur de Morhange et oblige les armées françaises, trop imprudemment engagées, à une retraite précipitée.

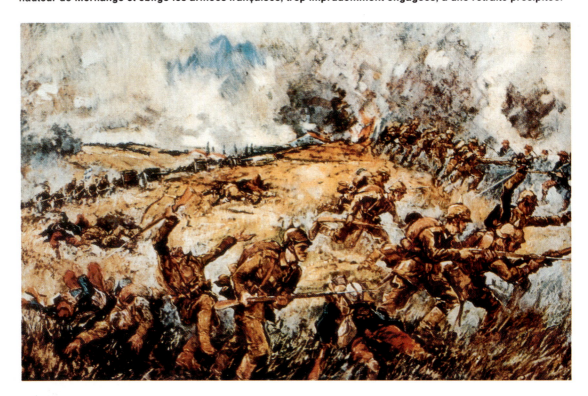

Page de droite : En haut : Une attaque de zouaves repoussée par le feu des mitrailleuses allemandes au cours de la journée du 5 septembre qui vit débuter, sur le front de l'Ourcq, la bataille de la Marne.
En bas : Le Kaiser venu haranguer ses troupes à Longwy. Il s'agit de la Ve Armée, commandée par son fils le Kronprinz Frédéric Guillaume.

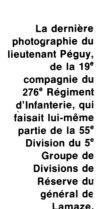

La dernière photographie du lieutenant Péguy, de la 19ᵉ compagnie du 276ᵉ Régiment d'Infanterie, qui faisait lui-même partie de la 55ᵉ Division du 5ᵉ Groupe de Divisions de Réserve du général de Lamaze.

là qu'est engagé le 276ᵉ régiment d'infanterie où sert le lieutenant Charles Péguy. La folle charge d'infanterie est lancée à travers champs, à découvert, sous le feu des mitrailleuses qui fauchent impitoyablement nos fantassins en tuant presque tous les officiers, dont le lieutenant Péguy, qui restera l'un des héros symboliques du miracle de la Marne. Plus au nord, on se bat pour Saint-Soupplets mais les assauts français sont rejetés. Au cours de la nuit, les Allemands se replient cependant sur des positions d'attente plus favorables ; fantassins et chasseurs peuvent donc occuper sans avoir à livrer combat Saint-Soupplets, Neufmontiers et Chauconin. A l'issue du premier choc, les pertes françaises étaient lourdes et, initialement surpris, von Gronau s'était magistralement repris. Le 7ᵉ corps français déployé au nord du dispositif n'avait jamais été en mesure de déborder l'ennemi et les fantassins des divisions de réserve lancés à l'assaut dans les pires conditions avaient payé un prix trop lourd. Ces premières actions révélaient en tout cas au commandement allemand l'ampleur de la manœuvre en cours face à son aile droite. Tardivement informé (à minuit seulement), Kluck confirme l'ordre de repli déjà donné à son 2ᵉ corps poméranien. A Luxembourg, le GQG n'est informé que le 6 au soir, quand le lieutenant-colonel Hentsch revient du QG de la Iʳᵉ Armée. Les commandants d'armées, quant à eux, ne découvrent que le lendemain **6 septembre** le déclenchement de l'offensive française, sur l'ensemble du front cette fois. Le 6 au soir enfin, l'ordre de Joffre est récupéré par l'état-major de la IIIᵉ Armée, qui transmet à Luxembourg. Tappen est optimiste quant à l'issue de la bataille qui s'engage enfin mais Moltke, pour sa part, demeure beaucoup plus inquiet. Il laisse en fait ses généraux d'armées conduire une bataille

dont il ne peut suivre le déroulement dans un GQG trop éloigné du front. Il sait surtout qu'il ne dispose d'aucune réserve pour faire pencher la balance si le besoin s'en fait sentir à tel endroit précis du gigantesque front qui vient de s'embraser.

Dès l'aube du **6 septembre**, la 6ᵉ Armée relance l'attaque avec une énergie farouche. Le 7ᵉ corps devait occuper les crêtes du Multien, la 55ᵉ division de réserve, éprouvée la veille, s'empare des hauteurs de Monthyon alors que la Brigade marocaine prend le contrôle du piton de Penchard d'où elle avait été rejetée vingt-quatre heures plus tôt. Au nord de Meaux, Chambry, Barcy, Marcilly étaient aux mains des Français mais les barrages de feu déclenchés par l'artillerie allemande interdisaient d'aller au-delà. En milieu de matinée, la situation se compliquait de l'intervention des fantassins poméraniens du 2ᵉ Corps du général von Linsingen. Celui-ci engage sa 3ᵉ division sur la ligne Vareddes-Etrepilly et envoie une autre division au nord pour parer à la manœuvre de débordement que doit conduire le 7ᵉ corps français.

Cette intervention malheureuse du 2ᵉ corps allemand, placé sous les ordres d'un remarquable tacticien qui prend immédiatement en mains la conduite de la bataille, aurait pu être évitée si les Anglais de French s'étaient redressés dès la veille sur la ligne Changis-Coulommiers. Ils eussent alors été en position de gêner dange-

L'assaut à la baïonnette constitue, dans l'esprit du règlement tactique de 1914, l'acte essentiel du combat. La croyance inconditionnelle dans les vertus de l'offensive se paiera très cher durant l'été 1914. (Le Miroir.)

L'église de Meaux à l'issue des combats de l'Ourcq.

Les troupes marocaines du général Ditte que l'on voit sur cette photo vont payer un lourd tribu dès les premières heures de la bataille de l'Ourcq. (L'Illustrations.)

Soldidement installés en défensive, toujours prêts à remuer la terre pour se doter de positions favorables, les fantassins allemands sont déployés ici en avant de Chambry.

Représenté sur cette lithographie de P.E. Colin, le village de Chambry sera finalement repris aux Allemands, mais les deux adversaires livrèrent de furieux combats pour s'en assurer le contrôle les 6, 7 et 8 septembre. (BN.)

Images inattendues de l'Armée britannique engagée en France. En haut : Des fantassins écossais installés en position du tireur couché. Ci-dessus : L'infanterie des Highlanders qui, à Waterloo, avait donné la victoire à Wellington sera digne de ses traditions au cours de la campagne de 1914. Ci-contre : Un cavalier issu de l'Armée des Indes. Les Anglais utilisèrent plutôt ces unités sur les théâtres d'opérations du Proche-Orient mais un certain nombre d'entre elles furent engagées en France.

Les photos de ces deux pages, ainsi que celles des pages 42, 43, 46, 47, 62, 63, 66, 67, 74, 75, 78, 79, sont d'exceptionnels clichés couleurs d'époque, des autochromes de Gervais-Courtellemont publiés en 1914 et 1915. (Coll. B. Paich.)

Ci-contre : Un cavalier anglais « métropolitain » du général Allenby. Ci-dessus : Fusiliers britanniques au combat. C'est la menace de l'Armée britannique et de la 5ᵉ Armée face à la brèche le séparant de von Kluck qui contraignit von Bülow à décider la retraite. On voit en bas un téléphoniste, un secrétaire au travail au sein d'un état-major, une ambulance et un autobus réquisitionné pour le transport des blessés.

Les abris allemands après la bataille. Les fantassins de von Kluck avaient été habitués à se protéger du feu et leurs chefs ne les lançaient pas en des assauts inconsidérés et trop meurtriers.

L'église de Barcy, sérieusement endommagée du fait des combats qui se livrèrent pour la conquête de cette petite localité située au sud du front de l'Ourcq. (Le Miroir.)

reusement, dans la matinée du 6, le franchissement de la Marne par les unités poméraniennes. Mais la mauvaise volonté de French, qu'il voulait tenir pour de la prudence, compromettait ainsi l'issue de la bataille de l'Ourcq. De plus le général Wilson avait confondu, au cours des discussions qu'il avait eues avec les Français, Changis et Nangis, ce qui expliquerait le décalage en arrière de l'Armée French. Ce dernier avait exigé par ailleurs qu'une division française, la 8ᵉ, fut déployée sur sa gauche pour assurer la liaison avec la 6ᵉ Armée, ce qui fit que cette grande unité ne put être employée le 6 septembre là où elle aurait été autrement utile, c'est-à-dire au nord du dispositif. Devant Vareddes et Etavigny, deux divisions poméraniennes avaient stoppé l'attaque française et la situation se trouvait stabilisée. Kluck comprend d'emblée l'ampleur du danger. Passant à la IIᵉ Armée de von Bülow ses 9ᵉ et 3ᵉ corps déployés à sa gauche, il décide de remonter vers l'Ourcq son 4ᵉ corps d'active (von Arnim), appelé à y soutenir son 4ᵉ corps de réserve (von Gronau) et son 2ᵉ corps d'active (von Linsingen). Parallèlement, le chef de la Iᵉ Armée transporte son PC à Vendrest-sur-Ourcq.

Von Arnim doit pouvoir s'engager dès le 7 au matin contre la 6ᵉ Armée française, en liaison avec les deux corps commandés maintenant par von Linsingen. Dès deux heures du matin, le **7**, son état-major rallie la ferme de Beauval où s'est installé von Linsingen. Les chefs allemands sont conscients du danger qui menace au même moment, sur la Marne, leurs 9ᵉ et 3ᵉ corps qui

y sont durement pris à partie. Pour le moment, la 8ᵉ division vient renforcer les unités installées dans le secteur d'Etrepilly et de Torcy alors que la 8ᵉ doit être déployée au nord, sur le plateau d'Etavigny où l'on craignait une manœuvre d'enveloppement de l'aile gauche française.

Du côté français, l'action est relancée dès 4 heures du matin le 7 septembre. Le 7ᵉ corps, renforcé de la 5ᵉ division de cavalerie et de la 61ᵉ division de réserve du Groupe de Divisions de Réserve Ebener, doit entamer sa manœuvre de débordement par le nord. Mais les Allemands ont deviné les intentions du commandement français et la 7ᵉ division du 4ᵉ corps von Arnim vient se jeter sur la 61ᵉ division du général Desprez. Les vagues d'assaut françaises sont rejetées à plusieurs reprises et se reforment difficilement à l'est de Nanteuil-le-Haudouin. Au même moment, Acy-en-Multien et la ferme de Nogeon sont le théâtre d'affrontements très violents au cours desquels de nombreux corps à corps font un grand nombre de victimes dans les deux camps. Alors qu'à Fosse-Martin les Français paraissent sur le point de lâcher pied, c'est l'engagement de l'artillerie du colonel Nivelle qui rétablit la situation en stoppant net l'offensive allemande. Au soir du 7, aucun des deux camps n'avait réussi à remporter un succès vraiment significatif. Plus au sud, Chambry et Etrepilly sont également le théâtre d'affrontements aussi furieux qu'indécis, qui voient fantassins et zouaves réaliser des prodiges d'héroïsme. Selon un historien allemand « *les Français se battent alors comme des démons* ».

Des chevaux morts jonchent la plaine autour de Nanteuil le Haudouin, au nord du dispositif de la 6ᵉ Armée, que les Allemands menaçaient dangereusement quand ils furent contraints à la retraite.

Ci-dessous : Le village de Chauconin, détruit à l'issue des combats qui se livrèrent du 5 au 9 septembre sur le front de l'Ourcq. (L'III.)

Ci-contre : Lithographie de Paul-Emile Colin représentant le village de Villeroy. C'est là que tomba Charles Péguy dans l'après-midi du 5 septembre, alors que la gigantesque bataille venait de s'allumer. (BN.)

42

Dès les premieres semaines du conflit, les bataillons de chasseurs alpins vont apparaître comme de magnifiques troupes d'élite. On voit en haut des chasseurs en position du tireur couché ; à droite, les servants d'une mitrailleuse à l'exercice. Ci-dessus : Un chasseur coiffé de la célèbre « tarte » monte la garde auprès des faisceaux. Tout au long de la guerre, les « diables bleus » consentiront les plus admirables sacrifices. (Autochromes de Gervais-Courtellemont. Coll. B. Paich.)

On voit ci-contre, en haut, des réfugiés fuyant l'invasion sur la route de Soissons à Meaux, pour échapper à l'aile droite des armées allemandes qui s'avance à marches forcées en direction du sud-est. En bas : Au confluent de l'Ourcq et de la Marne, la ville de Meaux fut un enjeu important pour les deux adversaires. On voit ici l'un de ses ponts détruits. Ci-dessus : L'église de Barcy a subi des dommages importants pendant les journées terribles des 6, 7 et 8 septembre 1914. C'est dans ce secteur proche de Meaux que se livrèrent certains des combats les plus farouches de la bataille de l'Ourcq. Ils opposèrent les unités de la 6ᵉ Armée Maunoury aux corps de la Iʳᵉ Armée allemande du général von Kluck. L'issue des combats demeura longtemps indécise et seule la retraite entamée par la IIᵉ Armée allemande contraignit la Iʳᵉ à se replier à son tour.

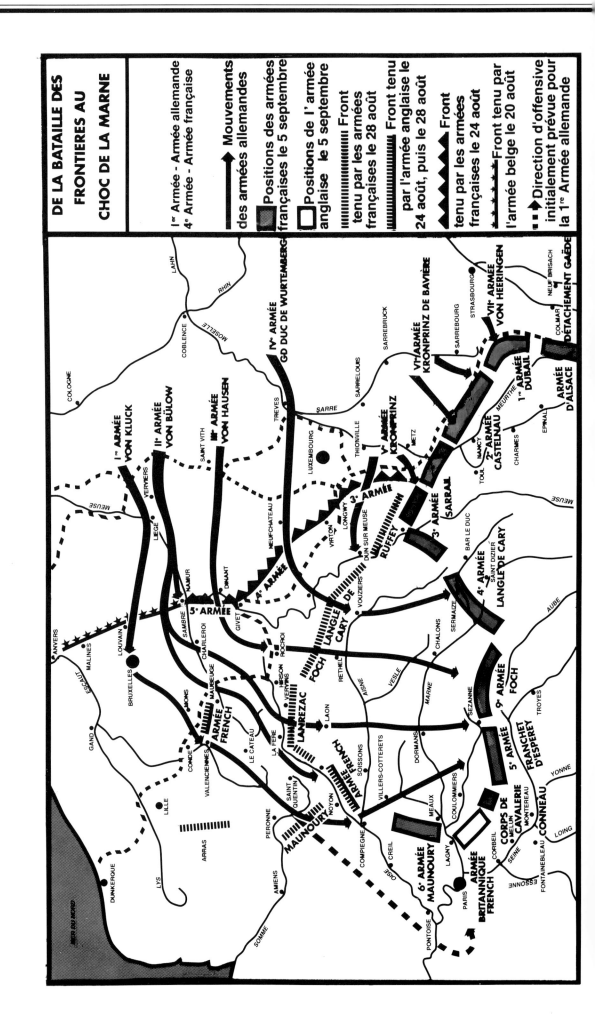

DE LA BATAILLE DES FRONTIERES AU CHOC DE LA MARNE

Ci-dessus : Le village de Neufmontiers, qui fut lui aussi chèrement disputé par les deux adversaires mais qui demeura dès le 6 aux mains des Français. (BN.)

Des prisonniers allemands rassemblés à Neufmontiers à l'issue des combats. Pour eux, la guerre se termine, mais pas de la manière qu'espéraient leurs chefs quelques jours plus tôt. (L'Illustration.)

Au soir du 7, Kluck est inquiet. Il a demandé à Bülow de lui rendre ses 3e et 9e corps laissés à la IIIe Armée car il ne sait combien de temps ses troupes vont pouvoir supporter la pression française alors qu'on lui signale des raids de cavalerie ennemis sur ses arrières, en direction de Villers-Cotterets. Du côté de Galliéni et de Maunoury, il apparaît que les assauts lancés contre Torcy et Etrepilly ont été inutiles et qu'il vaut mieux chercher à manœuvrer au nord. Pour cela, le gouverneur militaire de Paris attend le renfort du 4e corps, cédé par la 3e Armée et transféré vers la région parisienne à partir du 2 septembre. Dès le 6, la 8e division du général Lartigue est disponible mais il faut la placer à la gauche de French et ce n'est que le 7 que la 7e division est installée au nord-est de Paris. C'est cette 7e division qu'il faut pouvoir transporter de toute urgence au nord de la zone des combats. Le commandement y avait pensé et, dès le 6 au soir, plus de cinq cents taxis ou voitures particulières furent réquisitionnés pour assurer le transport des 103e et 104e régiments d'infanterie de la 14e brigade du général Felineau. Au matin du 8, cinq bataillons purent ainsi faire leur entrée à Nanteuil-le-Haudouin où six autres bataillons issus, eux, de la 13e brigade débarquaient du train peu après. La 7e division pouvait ainsi marcher au combat dès le début de la matinée. Engagée entre Bouillancy et Villers-Saint-Genest, elle dut se replier à l'issue d'une journée de lutte. Sur la proposition du général Trentinian

46

Ci-contre, en haut : Deux tirailleurs sénégalais dont la présence au sein des forces engagées en 1914 témoigne de la part prise au conflit par l'Empire colonial que la France avait conquis au cours des décennies précédentes. Ci-dessus : Un canon de 90 en action. Ci-contre : Un officier et un sous-officier d'artillerie en observation. Ci-dessous : Un clairon d'artillerie. (Autochromes de Gervais-Courtellemont. Coll. B. Paich.)

En haut : Un canon de 75 et son caisson. Parfaitement adapté aux besoins d'une guerre de mouvement, le « 75 » fit merveille au cours de la campagne de 1914 et surclassa même son rival, le « 77 » allemand, par la rapidité et la précision de ses tirs. Bien dotés en artillerie légère de campagne, l'Armée française ne disposait pas en quantité suffisante des pièces lourdes nécessaires à la guerre de position. En bas : Un brigadier de chasseurs d'Afrique.

Ci-dessus : Les
fameux « taxis de
la Marne » qui
vont transporter
jusqu'à
Nanteuil-le-
Haudouin des
éléments de la 14ᵉ
brigade de la 7ᵉ
Division
d'Infanterie, qui
appartenait au 4ᵉ
corps d'armée du
général Boelle,
fourni par la 3ᵉ
Armée à la 6ᵉ.

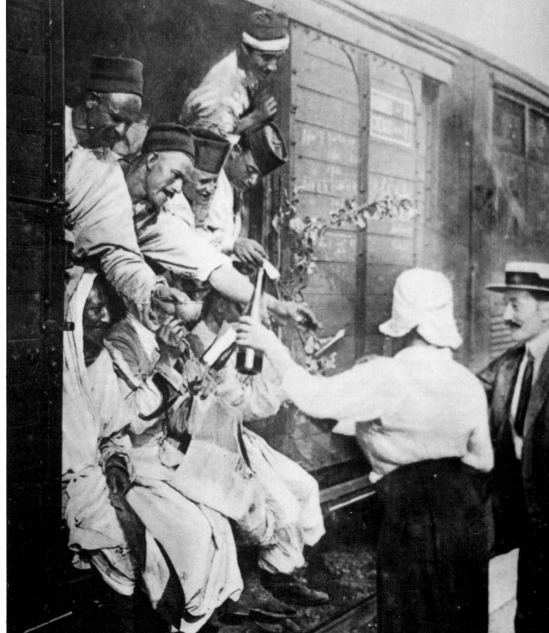

Ci-contre : Des
civils offrent à
boire aux
tirailleurs
algériens à la
gare de
Champigny.
(Le Miroir.)

Blessés allemands entre Meaux et Vareddes dans un secteur de la bataille de l'Ourcq où les affrontements furent particulièrement violents. (L'Illustrations.)

commandant de la 7ᵉ division, le général Boelle, chef du 4ᵉ corps, qui a établi son PC à Nanteuil souhaite faire effort au nord mais le GQG qui a repris à Galliéni l'autorité qu'il exerçait sur la 6ᵉ Armée, est trop éloigné pour apprécier la situation, caractérisée par un morcellement de la bataille. Dans l'après-midi du 8, à Saint-Soupplets, PC de Maunoury, comme à Vendrest, PC de Kluck, l'inquiétude est de rigueur car chacun des deux chefs se demande combien de temps ses troupes pourront encore tenir. Ce même jour, la 45ᵉ division d'Afrique du général Drude et la 56ᵉ division ne relancent pas leurs assauts contre Torcy. Au nord, dans la région d'Acy-en-Multien, aucun des deux adversaires n'est parvenu à s'imposer.

Au **matin du 9**, Kluck compte récupérer ses 3ᵉ et 9ᵉ corps pour les lancer dans la bataille de l'Ourcq et, pour les troupes de Maunoury, il s'agit maintenant de résister avec la dernière énergie pendant que les Anglais et la 5ᵉ Armée allaient venir s'engouffrer dans la brèche ouverte par le magistral quart de tour vers l'ouest que Kluck venait de réaliser. Dans la nuit du 8 au 9, Nanteuil est tombé aux mains des Allemands. Désormais, les quatre divisions des 3ᵉ et 9ᵉ corps allemands étaient engagées dans la bataille après avoir marché plus de soixante kilomètres. Disposant d'une nette supériorité sur l'Ourcq, Kluck peut maintenant envisager le débordement du dispositif adverse. Le 9ᵉ corps de von Quast, renforcé par la brigade de landwehr Lepel est prêt à l'engagement dans la matinée du 9 alors que Kluck a transporté son PC à Mareuil-sur-Ourcq. En début d'après-midi Villers-Saint-Genest, Boissy et Fresnoy sont perdus mais les Français parviennent à se maintenir à Plessis-Belleville et Silly-le-Long. Les troupes françaises n'en paraissent pas moins au bout du rouleau après cinq jours de combat. Pourtant, dès 14 heures, alors que les unités épuisées de la 6ᵉ Armée peuvent craindre

d'être balayées par des forces désormais supérieures au cours des heures suivantes, les Allemands entament leur repli. Les Français tiennent alors la ligne qui va de Chambry à Nanteuil-le-Haudouin, par Vareddes, Etrepilly, Puisieux et Acy-en-Multien.

Prévenu dans la matinée de l'apparition des Anglais sur la Marne, Kluck a évacué le réduit de Torcy pour mieux faire face à cette nouvelle menace mais il n'entend pas pour autant abandonner la manœuvre engagée au nord car il espère toujours mettre hors de cause la 6ᵉ Armée française réduite à la défensive. Pourtant, le commandement suprême ne lui laissera pas le temps d'en finir. Affolés par la brèche qui s'est ouverte entre la Iʳᵉ et la IIᵉ Armée, les chefs militaires allemands vont préférer ordonner la retraite. Dès le 9, Etrepilly, Torcy et Vareddes sont évacués et, dans la matinée du 10, les 9ᵉ et 3ᵉ corps refluent à leur tour en direction de l'Aisne. Epuisées et meurtries, les unités de la 6ᵉ Armée étaient malgré tout victorieuses, face à une Iʳᵉ Armée allemande dont le chef avait fait preuve, malgré ses soixante huit ans, d'une parfaite maîtrise de la situation et d'une énergie sans pareille.

Arcy-en-Multien fut l'enjeu de furieux combats entre le 6 et le 9 septembre.

CHAPITRE V

La bataille de la Marne et des deux Morins

Le **6 septembre**, les armées françaises devaient, selon l'ordre de Joffre, faire face à l'ennemi pour l'affrontement suprême. A la droite d'une 6ᵉ Armée qui, cinq jours durant, a tenu en respect les forces de la Iʳᵉ Armée allemande, le Corps expéditionnaire britannique, qui s'est brillamment comporté à Mons mais a connu des moments très difficiles au Cateau, ne fait pas preuve de beaucoup de mordant. Malgré la promesse faite à Joffre de s'engager entre les 6ᵉ et 5ᵉ Armées françaises, le maréchal French demeure très prudent. Il n'a guère confiance en ses alliés et la crainte d'un encerclement par la droite allemande l'obsède depuis la sinistre journée du Cateau, qui a vu l'un de ses corps terriblement éprouvé. On a vu comment le général Wilson a compris qu'il devait s'établir sur une ligne Coulommiers-Nangis – et non Changis – ce qui laisse les Britanniques en retrait par rapport aux deux armées françaises qui les encadrent à gauche et à droite. Dès l'aube du **6**, les troupes de French se mettent en marche mais elles n'ont en face d'elle que le rideau de cavalerie fourni par le Corps von Marwitz. En milieu de matinée, des reconnaissances aériennes révèlent que des colonnes allemandes remontent de Coulommiers vers le nord. Au lieu d'aller saisir l'ennemi en retraite, French, craignant un piège, refuse d'abandonner son attitude prudente. L'avance est donc très lente et les contacts avec l'ennemi se limitent à quelques brefs engagements. Face aux cent vingt mille Britanniques, les douze mille cavaliers de von Marwitz, appuyés par leur artillerie et les éléments d'infanterie qui les accompagnaient, réussissent à dissuader le commandement anglais de pousser plus avant. A sa gauche, la 8ᵉ division du général Lartigue, qui doit fixer sa progression sur la sienne pour assurer la liaison avec la 6ᵉ armée, demeure de ce fait inemployée. Au soir du 6, l'Armée britannique n'avait guère combattu et n'avait même pas dépassé le cours du Grand Morin. Une passivité lourde de conséquences, car un engagement plus décidé aurait pu disloquer la Iʳᵉ Armée allemande dont le 2ᵉ corps remonte vers le front de l'Ourcq...

A la droite des Anglais, la 5ᵉ Armée de Franchet d'Esperey doit modifier son dispositif du fait de la défaillance de French, qui n'est pas aligné comme prévu. Elle dispose toutefois, face aux corps allemands (3ᵉ et 9ᵉ) comptant deux divisions chacun, d'une nette supériorité puisqu'elle réunit treize divisions. Malgré cette supériorité,

Le général Conneau commandant d'un corps de cavalerie qui sera mis à la disposition de la 5ᵉ Armée du général Franchet d'Esperey pour assurer la liaison de celle-ci avec l'Armée anglaise du maréchal French.

les douloureuses expériences des deux semaines précédentes amenèrent le commandement à faire preuve de prudence dans la progression. Lors du premier choc, le Corps de Cavalerie Richthofen semble prendre l'ascendant sur le Corps de Cavalerie Conneau, qui assure la liaison avec l'Armée anglaise. Les uhlans poussent même jusqu'au village de Champcenest qui constituera la pointe extrême de l'invasion allemande. A gauche, les fantassins du 18ᵉ corps du général de Maudhuy attaquent le 13ᵉ corps brandebourgeois sur les plateaux de Monceau-les-Provins et de Charmoy, mais l'affrontement demeure incertain. A sa droite, la 6ᵉ division du 3ᵉ corps, commandée par le général Pétain, bien appuyée par l'artillerie enlève les hauteurs de Saint-Bon. Un moment occupé, le village de Montceaux doit être évacué sous les coups de l'artillerie allemande. Plus à droite, la 5ᵉ division du général Mangin, qui appartient elle aussi au 3ᵉ corps du général Hache, enlève Escardes et attaque Courgivaux, où Mangin fait le coup de feu aux côtés des hommes de sa 9ᵉ brigade. Il faut pourtant se

Le général Pétain, commandant de la 6e division du 3e corps du général Hache, va révéler dans les combats des premières semaines de la guerre des capacités et un sang-froid qui n'avaient pas été récompensés au cours de sa carrière du temps de paix.

Le général Mangin, commandant de la 5e division du 3e corps au cours de la bataille de la Marne, va s'illustrer en première ligne au cours des combats de Courgivaux. Mangin manifeste dès ce moment les qualités offensives qui feront sa réputation. (Le Miroir.)

Après Vitry-le-François et Bar-sur-Aube, le GQG de Joffre a été installé au château de Mormant, à Châtillon-sur-Seine. C'est de là que le « père Joffre » va diriger l'immense bataille engagée dès l'après-midi du 5 septembre, qui se poursuivra pour les armées de l'est jusqu'au 11. C'est là que fut décidé de donner à l'affrontement son nom, passé à l'Histoire, de « bataille de la Marne ».

replier en fin d'après-midi devant la puissance des contre-attaques ennemies. A la droite de la 5e Armée, les 1re et 10 corps ont, pour leur part, attaqué le 9e corps (von Quast) de la Ire Armée allemande. Tôt le matin, la 17e division du 9e corps subit le premier choc au nord d'Esternay. La surprise est complète car le corps ne s'attendait pas à ce retour offensif d'un ennemi tenu pour battu à l'issue de près de deux semaines de poursuite. Von Quast ne se laisse pas pour autant impressionner et, sachant que la meilleure défensive réside dans l'attaque, il lance ses deux divisions contre le 1er corps français du général Deligny, qui a succédé à Franchet d'Esperey quelques jours plus tôt, quand ce dernier a lui-même remplacé Lanrezac à la tête de l'Armée. La 1re division du général Gallet est stoppée devant Châtillon, mais la manœuvre de débordement de la 2e (général Duplessis) oblige les Allemands à se replier. Plusieurs unités allemandes sont durement éprouvées et la 17e division a perdu, à l'issue, une partie non négligeable de son effectif et de ses moyens. L'artillerie d'une division du 7e corps allemand envoyée par Bülow à la rescousse arrive trop tard pour secourir les unités de la 17e division. Tout à fait à droite, le 10e corps du général Defforges, qui comprend les 19e et 20e divisions des généraux Bonnier et Rogerie, doit s'en prendre à l'articulation des Ire et IIe Armées allemandes. La bataille est acharnée à hauteur du Clos-le-Roi et de la ferme de Guébarré. La 2e division de la Garde est sérieusement malmenée par notre 20e division. Le 7, un bataillon allemand est totalement anéanti à la ferme de Guébarré.

Ce même jour, les Anglais entrent à Coulommiers mais progressent toujours avec une certaine lenteur. Ils se contentent de s'installer sur la rive nord du Grand-Morin. La 5e Armée n'est guère plus entreprenante puisque les consignes données pour cette journée du 7 sont avant tout de se retrancher pour résister. Au cours de cette même journée, les 3e et 9e corps allemands qui s'étaient pourtant battus la veille avec la dernière énergie entament une marche de près de quatre-vingt kilomètres pour rallier le reste de la 1re Armée engagé sur l'Ourcq. Impressionnés par la résistance allemande, les Anglais et Franchet d'Esperey ne profitent pas de cette situation. Une attitude plus agressive en ce 7 septembre pouvait décider d'une victoire plus complète en disloquant totalement l'aile droite allemande dont les deux éléments ne sont plus reliés que par un fragile rideau de cavalerie, fourni par les deux corps de von Marwitz et de Richthofen. Au matin du 8, il faut bien constater que l'ennemi s'est dérobé. Le 1er corps découvre

qu'Esternay a été évacuée, le 3e s'apprête à marcher sur Montmirail. A droite, le 10e corps est engagé aux côtés de la 9e armée de Foch dans la bataille du centre.

Bülow a pour sa part replié sa droite en crochet défensif depuis que von Kluck lui a réclamé les deux corps mis à sa disposition quelques jours plus tôt. Une brèche de quarante kilomètres, couverte par quatre divisions de cavalerie, le sépare maintenant de von Kluck ; son ultime espoir, c'est que ce dernier emporte la décision sur l'Ourcq pendant que lui, joignant ses efforts à ceux de la IIIe armée saxonne va s'efforcer de battre les 9e et 4e Armées françaises. Tout peut encore basculer mais la belle mécanique allemande apparaît toutefois sérieusement grippée.

A Luxembourg, la plus grande inquiétude règne depuis la veille. Mal informé faute de communications téléphoniques satisfaisantes, le commandement suprême est obligé de laisser leur liberté d'action aux chefs d'armées de l'aile droite. Moltke révèle alors son indécision et sa faiblesse. Les courriers qu'il adresse à son épouse sont révélateurs du trouble dans lequel sombre la volonté du généralissime allemand : *« ... Quand j'y pense, l'effroi me saisit, il me semble que je suis responsable de ces choses terribles mais je ne pouvais agir autrement que je l'ai fait... ».*

A Mareuil-sur-Ourcq, Kluck n'a pas d'états d'âme. Il sait que les deux corps de cavalerie déployés de Vareddes à Montmirail ne représentent qu'un rideau trop fragile face à la poussée de l'ennemi mais celui-ci paraît jusqu'à maintenant bien timoré et le chef de la Ire Armée peut raisonnablement espérer qu'il va lui laisser le temps de mettre hors de cause l'Armée Maunoury dans la journée du 9 septembre. Pour parer cette fois au danger venant du sud, Kluck et son chef d'état-major von Kuhl décident de prélever deux brigades du 9e corps von Quast pour les installer sur la Marne, de La Ferté-sous-Jouarre à Nogent-l'Artaud. Furieux, von Quast décide de n'en laisser qu'une, la brigade du général Kraewel. Persuadé qu'une défense linéaire de la Marne serait impossible, Kraewel préfère disposer ses unités en arrière de la coupure pour les engager, tous moyens réunis

La petite ville de La Ferté-sous-Jouarre a souffert des combats, comme en témoigne ce pont détruit. (L'Illustration.)

Pour ralentir l'avance des forces ennemies, ce pont de Lagny a été détruit par les Français au cours de leur retraite. (L'Illustration.)

contre l'ennemi, à l'endroit précis où celui-ci cherchera à franchir la rivière.

Les moyens disponibles étaient trop faibles pour tenir la ligne de la Marne face aux 1er et 2e Corps britanniques (Haig et Smith Dorrien), au 18e Corps du général de Maudhuy, à la division de cavalerie Allenby et au Corps de Cavalerie Conneau. Les attaquants perdirent du temps par excès de prudence mais les positions allemandes furent finalement disloquées et le corps Richthofen se retrouva pratiquement hors de combat. Le 18e Corps menaçait d'encercler Montmirail par l'ouest et de tourner ainsi le crochet défensif établi par Bülow. Le péril s'aggravait pour les Armées allemandes.

A Luxembourg, l'angoisse avait succédé à l'inquiétude des heures précédentes. Au matin du 8, les nouvelles de von Kluck paraissent bonnes mais il en va autrement de Bülow dont la droite semble très menacée. Il y a surtout cette brèche entre les deux Armées de l'aile droite que les corps de cavalerie ne pourront couvrir longtemps face à des forces ennemies très supérieures. Alors que le colonel Tappen, chef

du bureau des opérations, et son adjoint von Dömmes demeurent relativement optimistes, Moltke et le lieutenant-colonel Hentsch, responsable du 2e bureau, ne le sont pas du tout. C'est ce dernier pourtant affaibli par des troubles hépatiques, qui reçoit la mission de se rendre aux QG des Armées de l'aile droite pour fournir au commandement un état exact de la situation. Tappen attend des deux Armées de l'aile droite qu'elles résistent jusqu'à l'intervention dans la bataille de la VIIe Armée von Heeringen retirée du front d'Alsace pour être reformée en Belgique. Von Dömmes pense qu'un repli limité sera peut-être nécessaire mais Hentsch s'enferme pendant une heure avec Moltke et c'est sans doute à ce moment qu'est admise la nécessité de la retraite.

Le colonel quitte ensuite Luxembourg à 10 h du matin le 8 septembre mais, au lieu de se rendre directement aux QG des Ire et IIe Armées qui sont dans la situation la plus difficile, il passe d'abord par ceux de la Ve, de la IVe et de la IIIe. Il y recueille des échos tout à fait favorables et ce n'est qu'à 20 h qu'il atteint le château de Montmort, le QG de l'Armée Bülow. Le général se trouve alors à son PC avancé de Fromentières mais il revient rapidement et peut s'entretenir avec l'envoyé du GQG, de même que son chef d'état-major, le général von Lauenstein et que son adjoint, le lieutenant-colonel Matthes. Si l'aile gauche de l'Armée, en liaison avec les corps saxons de von Hausen semblait avoir la victoire à sa portée, la situation de la droite était très préoccupantes puisqu'elle était en train de retraiter au nord de Montmirail. La brèche s'élargissait entre les Ire et IIe Armées et cette dernière risquait d'être tournée sur sa droite d'une heure à l'autre. Hentsch adresse alors à Luxembourg un message selon lequel « *la situation est sérieuse mais pas désespérée...* » ce qui ne va pas rassurer Moltke, tétanisé par la menace qui pèse sur ses Armées de droite. Au petit matin, Hentsch s'entretient de nouveau avec Lauenstein et Matthes. Il est admis que la IIe Armée pourra préserver ses positions si la Ire se rapproche d'elle pour rétablir leur liaison. Faute de quoi la retraite vers la Marne et la Vesle deviendra inévitable. Ce n'est qu'à midi, le **9 septembre**, que l'envoyé du GQG atteint le QG

Un « turco » français portant secours à un blessé allemand. (L'Illustration.)

54

Des cadavres allemands jonchent le champ de bataille à l'issue des combats. (L'Illustration.)

Une section de mitrailleuses d'un régiment de dragons va prendre ses positions de combat, sous les éclatements des schrapnells.

de Kluck à Mareuil-sur-Ourcq. Il a pu observer sur les routes l'ampleur du mouvement de retraite qui rejetait vers le nord les arrières de la Ire Armée allemande. Reçu par von Kuhl, le chef d'état-major, il a en face de lui des chefs confiants dans l'issue victorieuse de la bataille de l'Ourcq, alors que la brigade Lepel descend du nord et que les corps de von Quast et von Arnim s'apprêtent à porter le coup de grâce à la 6e Armée française. Cet optimisme va être bientôt tempéré par l'annonce de l'arrivée en force sur la Marne de la cavalerie d'Allenby et

des unités de la 5e Armée française. Le Corps Marwitz et la brigade Kraewel se disposent à remplir leur mission de sacrifice mais on ne peut espérer une résistance prolongée, tant la disproportion des forces apparaît écrasante. L'envoi de la 5e division du 3e Corps (von Linsingen) en renfort de la brigade Kraewel ne peut suffire à inverser le cours des choses. A ce moment, la victoire recherchée contre Maunoury apparaît totalement vaine, d'autant plus que la 6e Armée peut se retirer vers Paris pour se mettre à l'abri du camp retranché. Pendant ce temps, les Anglais et la 5e Armée française avancent et menacent de disloquer la Ire Armée allemande. A Mareuil-sur-Ourcq, le débat est sur le point de se clore quand, peu après treize heures, un message de Bülow annonce que la IIe Armée entame son repli. Bülow refusait de prendre le risque de voir tourner son aile droite et il abandonnait ainsi la Ire Armée désormais menacée d'être broyée dans l'étau formé par la 6e Armée et l'Armée anglaise. Informé, von Kluck doit se rendre à l'évidence et accepter la retraite au moment où il pensait tenir sa victoire sur le front de l'Ourcq. Le repli de la IIe Armée rendait obligatoire celui de la Ire qui devait assurer la sécurité de son flanc.

Il n'y avait pas de temps à perdre. Depuis la veille la division de cavalerie du général Cornullier-Lucinière, constituée avec les unités encore disponibles du Corps de Cavalerie Sordet passé sous le commandement du général

Un groupe de pièces d'artillerie allemandes récupérées par les troupes françaises lors de leur progression dans la région de La Ferté-Milon. (Le Miroir.)

Bridoux, lançait des raids dévastateurs sur les arrières ennemis, des actions qui permirent à l'escadron du lieutenant de Gironde d'écrire l'une des plus belles pages de gloire de cette campagne de 1914.

A ce moment, la bataille est perdue pour les Allemands. La décision de Bülow d'ordonner la retraite de son Armée contraignait Kluck à en faire autant et le lieutenant-colonel Hentsch n'a pu qu'entériner ce qui était devenu une nécessité incontournable.

Le 20 août, à hauteur de la Sambre, l'aile droite allemande alignait trente divisions face aux dix-neuf que pouvaient lui opposer la 5e Armée les corps britanniques et le groupement Valabrègue. Le 5 septembre, l'aile droite allemande se trouve réduite à son tour à dix-neuf divisions du fait des prélèvements inopportuns réalisés par Moltke et du fait de l'immobilisation de certaines unités devant Maubeuge et Givet. La VIIe Armée von Heeringen en cours de rassemblement en Belgique ne pourra être engagée que trop tard pour peser sur la décision. A l'inverse, Joffre a su prélever sur ses Armées de l'est les divisions transférées vers son centre et son aile gauche. En créant deux nouvelles Armées, la 6e et la 9e, et en obtenant le concours des Anglais, il était en mesure d'opposer désormais trente-cinq divisions aux forces d'invasion affaiblies d'un tiers de leurs effectifs et de leurs moyens depuis le choc de Charleroi. Ce renversement du rapport des forces est la principale raison de l'échec final du plan Schlieffen. Du côté allemand, il serait tout à fait injuste de faire porter à Kluck ou à Bülow la responsabilité de la défaite. En revanche, les hésitations de Moltke ont pesé très lourd et les erreurs du commandant en chef, qui s'est dangereusement éloigné du plan Schlieffen en affaiblissant son aile droite au moment décisif et en prétendant jouer à la fois le débordement de l'ennemi à l'ouest et la percée dans la trouée de Charmes, furent fatales au succès des armes allemandes.

On peut regretter du côté allié la mollesse avec laquelle les Anglais ont conduit leur marche en avant car une action menée avec plus de vigueur aurait pu engendrer pour les Allemands une catastrophe de grande ampleur. De la même manière, la 5e Armée a perdu beaucoup de temps, notamment le 7 septembre face aux 3e et 9e corps allemands en train de se dérober. En revanche, il faut rendre hommage aux sacrifices consentis par la 6e Armée qui sut contenir la pression de l'Armée von Kluck. Au soir du **10 septembre**, le général Maunoury pouvait lancer à ses troupes un ordre général qu'il concluait en ces termes : « *Le général en chef vous a demandé, au nom de la patrie, de faire plus que votre devoir. Vous avez répondu au delà de ce qui était possible. Grâce à vous, la victoire est venue couronner nos drapeaux... Je vous dois ce vers quoi étaient tendus depuis quarante-quatre ans tous mes efforts et toute mon énergie : la revanche de 1870.* » Superbe hommage à tous ceux qui, tels le lieutenant Charles Péguy, avaient payé de leur vie, dans la bataille de l'Ourcq, le « miracle de la Marne ».

Artilleurs allemands mettant en batterie leur 77. Outre ce canon comparable à notre 75 ils disposèrent d'une puissance de feu globalement supérieure tout au long de la campagne.

CHAPITRE VI

La bataille du centre, des marais de Saint-Gond à la trouée de Revigny

Le général Weygand qui fut, en septembre 1914, le chef d'état-major de la 9e Armée.

Constituée le 29 août, la 9e Armée issue du détachement d'Armée formé la veille avait reçu une mission des plus difficiles. Il s'agissait pour elle de s'intercaler entre la 5e Armée, qui retraitait depuis la Sambre, et la 4e Armée du général Langle de Cary, qui avait subi dans les Ardennes, à Bertrix et Rossignol, les échecs que l'on sait. Réunir en pleine retraite des unités venues d'autres corps était une tâche difficile dont sut s'acquitter Foch, passé du commandement du 20e Corps à celui de cette nouvelle Armée. Pour cela, l'ancien directeur de l'Ecole de Guerre disposait d'un état-major restreint, mais de toute première qualité, dirigé par le colonel Weygand qui a regroupé autour de lui le colonel Devaux, les capitaines Requin et Jordan, le sous-lieutenant interprète André Tardieu, appelé ultérieurement à une brillante carrière politique. Le détachement d'Armée est initialement constitué avec deux corps, le 11e et le 9e. Ce dernier a laissé en Lorraine sa 18e Division, qui est remplacée par une division marocaine. A ces forces prélevées sur la 4e Armée viennent s'adjoindre les 52e et 60e divisions de réserve, ainsi que la 42e division du général Grossetti. La

9e division de cavalerie du général de l'Espée assure à droite la liaison avec la 4e Armée du général Langle de Cary.

Il était apparu très vite qu'il était impossible d'envisager une résistance sérieuse autour du camp retranché de Reims, la retraite des autres Armées imposant de se replier plus loin en arrière. Le 4 septembre, Foch installe son QG à Fère-Champenoise et c'est là qu'il reçoit l'ordre de Joffre prescrivant la reprise de l'offensive pour le 6.

Il établit dès lors son dispositif de la manière suivante : à gauche, la 42e division assure la liaison avec le 10e corps de la 5e Armée (général

Le général Paul-François Grossetti, commandant de la 42e division qui devait prendre une part décisive à la manœuvre de Foch.

Defforges). A droite de cette grande unité, le 9ᵉ corps du général Dubois s'est vu adjoindre la division marocaine du général Humbert, qui doit interdire aux Allemands de déboucher des marais de Saint-Gond. Plus à droite, le 11ᵉ Corps du général Eydoux occupe la ligne Morains le Petit-Normée-Lenharrée-Sommesous. La 52ᵉ division de réserve (général Battesti) est rassemblée entre le 9ᵉ et le 11ᵉ corps. A l'extrême droite enfin, la 60ᵉ division de réserve (général Joppée) et la 9ᵉ division de cavalerie assurent la liaison avec la 4ᵉ Armée et couvrent la trouée de Mailly.

Au cours de l'après-midi du 5, la division marocaine avait vu ses avants-gardes rejetées des lisières nord des marais de Saint-Gond. Dans l'ensemble de la zone d'action de la 9ᵉ Armée, les combats s'avéraient confus et, à l'issue de la journée, la 42ᵉ division et le 9ᵉ corps s'apprêtent à faire face à l'effort du 10ᵉ corps hanovrien et du corps de la Garde. De son PC transporté à Pleurs, Foch attend. **A l'aube du 6 septembre,** que ses 9ᵉ et 11ᵉ corps contiennent la poussée ennemie alors que la 42ᵉ division doit attaquer en direction du nord-ouest, afin de créer la confusion dans la ligne ennemie.

Le général Foch, qui avait été malheureux à Morhange, fut admirablement secondé par Weygand à la tête de la 9ᵉ Armée qui parvint à interdire à l'ennemi la trouée de Mailly.

Depuis 3 h du matin, la brigade Blondlat de la division marocaine attaque Congy, Villevenard et Courjeonnet qui n'avaient pu être conservés la veille. Tentative malheureuse car le feu

d'enfer déclenché par l'artillerie allemande contraint au repli les unités de coloniaux et de zouaves. La 17ᵉ division du général Moussy n'est pas plus heureuse et les positions conquises trop en pointe doivent être évacuées. Au début de la matinée, le reflux des unités françaises est à peu près général et le 9ᵉ corps est repoussé au sud de Montgivroux. La brigade Cros de la division marocaine n'a pas plus de chance dans sa marche vers Villevenard. Elle est en effet stoppée par de très puissants feux d'artillerie. Le général Humbert veut relancer l'attaque, mais la division marocaine ne peut pas grand chose contre la puissance du feu adverse. Le soutien de l'artillerie du 9ᵉ corps ne change rien à l'affaire car les pièces françaises sont efficacement contrebattues par les pièces lourdes allemandes. Il faut limiter les objectifs fixés initialement au 9ᵉ corps dont Foch espère maintenant simplement qu'il puisse reprendre Saint-Prix, tombé aux mains de l'ennemi. Dans ce secteur, la 42ᵉ division, partie à l'attaque au matin dans la direction prévue, s'est heurtée à la 19ᵉ division hanovrienne. Des combats très violents se livrent autour de la ferme Montalard et de la hauteur nommée le Signal du Poirier. Au soir, les Hanovriens sont contenus et la 42ᵉ division interdit l'accès du sud des marais de Saint-Gond. Plus à l'est, les choses ont failli plus mal tourner. Le Corps de la Garde venant de Vertus a en effet attaqué à la jonction des 9ᵉ et 11ᵉ corps français. Vers midi, la Garde emprunte la chaussée qui traverse les marais de Saint-Gond pour gagner leur lisière méridionale et s'emparer du Mont d'Août, qui domine la plaine située au sud. Bannes est prise en début d'après-midi, mais l'intervention de la 52ᵉ division l'empêche de progresser davantage. A droite, le 11ᵉ corps saxon de la IIIᵉ Armée von Hausen. Tout à fait à l'est, la division de cavalerie du général de l'Espée couvre Sommesous mais n'assure pratiquement plus la liaison avec la 4ᵉ Armée.

La situation s'avère donc incertaine quand commence la journée du 7 septembre, qui voit le 11ᵉ corps renforcé par l'arrivée de la 18ᵉ division fournie par la 2ᵉ Armée. A ce moment, la gauche et le centre de Foch semblent en mesure de tenir mais la droite apparaît en revanche très menacée. Foch sait qu'elle a en face d'elle la 32ᵉ division du 12ᵉ corps saxon (von Elsa), qui constitue l'aile droite de la IIIᵉ Armée von Hausen. Mais il ignore que la 23ᵉ division du 12ᵉ corps saxon de réserve (général von Kirchbach) et tout le 19ᵉ corps du général von Laffert s'apprêtent à s'engager derrière le 12ᵉ corps. Cinq divisions de la IIIᵉ Armée allemande s'apprêtent à prendre à partie l'aile droite de la 9ᵉ Armée française, composée du 11ᵉ corps et de la 18ᵉ division. Le rapport des forces paraît ainsi, dans ce secteur de la bataille, très favorable aux Allemands. Malheureusement pour eux, la IIIᵉ Armée saxonne ne va pas exploiter cette situation. Von Hausen est malade et, de plus, il est constamment sollicité par Bülow et par Albrecht de Wurtemberg pour leur venir en aide, ce qui l'empêche de constituer la force de rup-

Un groupe de zouaves de la Division Coloniale du général Humbert, qui consentit de lourds sacrifices lors des combats livrés à l'aile gauche de la IIᵉ Armée allemande.

ture susceptible d'emporter la décision en cette journée du 7.

Plus à l'ouest, les Français résistent pied à pied au cours de cette journée. Il ne peut être question d'atteindre les objectifs trop ambitieux fixés par le commandement mais la ligne tient et l'irréparable est évité, même si Soizy-le-Bois ou la ferme Montalard sont perdus. Oyes est pris par les Hanovriens et il faut l'acharnement de la division marocaine et de la 17ᵉ division pour contenir la poussée de l'ennemi. Sur la ligne Montgivroux-Mondement, le général Humbert tente d'interdire aux Allemands de déboucher sur la plaine champenoise. **Au soir du 7,** l'ensemble du dispositif français tient toujours et la trouée de Mailly demeure interdite à l'ennemi.

Face à une défense française aussi déterminée, les chefs allemands, qui s'inquiètent de l'évolution de la situation à leur aile droite pensent qu'il faut frapper un grand coup pour obtenir la rupture alors qu'au soir du 7, un violent orage vient accompagner le bruit du canon et inonde le champ de bataille transformé en bourbier. C'est dans ces conditions de combat tout à fait infernales que von Hausen décide de déclencher une offensive nocturne qui, profitant de la surprise, devra disloquer le 11ᵉ corps français. A la faveur de la nuit, trois divisions d'infanterie vont se jeter à la baïonnette sur les positions françaises, sans tirer un seul coup de feu. L'action est déclenchée à 3 h 30 par le groupement von Kirchbach. Epuisés et prostrés, la plupart des soldats français ont succombé au sommeil et l'offensive ennemie aboutit à un gigantesque massacre. Lenharrée et Normée sont pris et les

Français rejetés vers Fère-Champenoise. Parvenus jusqu'aux positions d'artillerie, les fantassins saxons enlèvent ainsi une vingtaine de canons. Bousculant la 60ᵉ division de réserve, l'offensive allemande parvient ainsi jusqu'à Mailly, ce qui met dans un danger extrême la droite de la 9ᵉ armée, menacée de se voir tournée. Terriblement éprouvé, le 11ᵉ corps se redéploie sur plus de dix kilomètres.

A l'ouest, où la bataille continuait, les Français obtiennent quelques succès au **matin du 8.** Oyes est reprise puis Soizy. Il n'est pourtant pas possible de faire mieux devant le barrage de feu déclenché par l'artillerie lourde adverse. Les choses se gâtent dans l'après-midi qui voit les Allemands reprendre le Signal du Poirier et Oyes. La brigade Cross repart pourtant à l'attaque et, sur toute la ligne, l'acharnement des hommes et de leurs chefs permet de sauver l'essentiel et de « tenir » au moment où, à droite, le 11ᵉ corps connaît les pires difficultés.

Le combat dure maintenant depuis trois jours et les hommes sont de part et d'autre à la limite de l'épuisement, soutenus seulement par une farouche volonté. Alors que le général Humbert et sa division marocaine s'accrochent aux crêtes de Mondement, le général Dubois, qui commande le 9ᵉ corps, installe sa 17ᵉ division (général Moussy) en crochet défensif face au nord pour éviter tout débordement de sa droite au moment où son 11ᵉ corps se replie en désordre après l'attaque-surprise des Saxons. Dans ces circonstances très difficiles, le 11ᵉ corps parvient à retrouver un minimum de cohésion et, se

reliant à la 60ᵉ division de réserve et à la 9ᵉ division de cavalerie, il parvient à rétablir le contact avec la 4ᵉ Armée. Au soir du 8, la situation est donc inquiétante, mais en aucun cas désespérée. Foch avait tout de même transféré son PC de Pleurs à Plancy, sur le cours de l'Aube.

Malgré le péril extrême dans lequel il se retrouve, le commandant de la 9ᵉ Armée voit le parti qu'il peut tirer de la poussée de la Garde vers la trouée de Mailly. Les Allemands vont offrir leur flanc à la contre-attaque. Encore faut-il disposer de forces suffisantes pour déclencher celle-ci. C'est Franchet d'Esperey, qui dispose à sa 5ᵉ Armée d'une nette supériorité sur l'ennemi qui va lui fournir son 10ᵉ corps pour la journée du 9 septembre. Cette grande unité va venir remplacer, à la gauche de Foch, la 42ᵉ division de Grossetti qui pourra être ainsi engagée contre la Garde. La manœuvre imaginée prévoit une attaque concentrique des 9ᵉ et 11ᵉ corps et de la 42ᵉ division en direction de Fère Chapenoise.

Alors qu'au petit matin la division Grossetti est en marche, son chef apprend que la division marocaine est à bout et que le secteur Mondement-Allemant est sur le point de tomber aux mains de l'ennemi qui, s'installant sur ces crêtes, pourra tenir sous son feu la plaine champenoise et interdire la manœuvre prévue par Foch et Weygand. Il faut détacher des troupes pour aller soutenir les brigades exsan-

gues de Humbert. Le bataillon du capitaine Purgol s'est en effet emparé du château de Mondement. Conscients du danger, les Français lancent contre cette position le 77ᵉ régiment d'infanterie. Fantassins et zouaves vont attaquer à trois reprises le château, fermement défendu par les Allemands qui s'y sont installés. Ce n'est

L'artillerie française prenant à partie le château de Mondement où se sont retranchés les défenseurs allemands. Ce combat constituera l'un des tournants décisifs de la bataille du centre.

Le général Dubois, commandant du 9ᵉ corps, qui comprend la division marocaine ainsi que les 17ᵉ et 52ᵉ divisions d'infanterie.

Des tirailleurs algériens sur le point de monter au combat. Durant toute la bataille, les troupes venues d'Afrique firent preuve d'un allant et d'une endurance extraordinaires.

qu'à 19 heures que le repli de la division allemande oblige le capitaine Purgol qui, blessé, a continué à diriger le combat, à ordonner l'abandon de la position, bientôt occupée par les Français à l'issue d'un assaut qui n'a rencontré que le vide, contrairement à la légende épique abondamment rapportée par la suite, qui voulut faire de Mondement le lieu d'un corps à corps acharné.

Pendant que l'incertitude demeure à la gauche de l'Armée, la droite reste sous la menace d'une rupture, d'autant que von Hausen a récupéré sa 24e division de réserve, retenue jusque là au siège de Givet. Les 9e et 11e corps sont obligés de concéder du terrain. Pour éviter d'être tournés, les unités françaises se sacrifient par compagnies entières. La situation est donc dramatique et les retards intervenus dans l'engagement de la 42e division font planer sur la 9e Armée l'ombre de la défaite. Elle va être sauvée en début d'après-midi, quand Bülow décide la retraite de la IIe Armée allemande. Pour von Hausen, il n'est pas question, dans ces conditions, de poursuivre son offensive et il doit à son tour ordonner la retraite. Quand la 42e division arrive, pleine d'une ardeur renouvelée à l'idée d'en découdre et d'infliger un revers à l'ennemi, celui-ci s'est dérobé et l'« enlisement » de la Garde dans les marais de Saint-Gond relève, lui aussi de la légende épique...

Avec quatre corps d'armée (17e, 12e, 2e et corps colonial), la 4e Armée du général Langle de Cary devait contenir la poussée de la IVe Armée allemande du duc Albretcht de Wurtemberg. Elle allait recevoir le 21e Corps prélevé sur les armées de l'est. Pour faire face à la IVe Armée du Kronprinz, la IIIe Armée du général Sarrail ne

disposait pour sa part que des 5e et 6e corps, du 3e Groupe de Divisions de Réserve du général Pol Durand et des troupes de la défense de Verdun et de la 7e division de cavalerie du général d'Urbal. Cette 3e armée sera renforcée en cours d'action par le 15e corps du général Espinasse, retiré à la 2e Armée. Ces forces pouvaient

Ci-contre : Le château de Mondement en flammes sous les coups de l'artillerie française. (L'Illustration.)

paraître suffisantes pour faire jeu égal avec celles du prince de Wurtemberg et du Kronprinz mais la liaison des deux armées laissait à désirer à hauteur de la trouée de Revigny.

Dès le **6 septembre**, le 17e corps et, plus précisément, sa 33e division du général Guillaumat portent des coups sensibles au 19e corps saxon de von Laffert et il apporte même un soutien décisif au 12e corps du général Roques. A droite, le corps d'armée colonial du général Lefèvre contient l'ennemi pendant que le 2e corps, remarquablement commandé par le général Gérard, arrête devant Favresse la poussée ennemie et maintient ainsi sa liaison avec le corps colonial. **Le lendemain**, Sermaize tombe aux mains des Hessois. Le 12e corps et le corps colonial subissent le feu ennemi mais tiennent sur leurs positions. Le **8**, les Allemands accentuent leur effort mais l'engagement, à gauche de la 4e Armée, du 21e corps arrivé de l'est permet de sauver la situation. Favresse, Domprémy, Blesmes font l'objet d'affrontements acharnés. Fourni lui aussi par les armées de l'est, le 15e corps vient verrrouiller la trouée de Revigny où tentent vainement de déboucher les IVe et Ve Armées allemandes.

Alors que la journée du **9 septembre** voit les chefs des Ie et IIe armées allemandes donner leurs ordres de retraite, suivis dans la soirée par von Hausen, le GQG de Luxembourg va décider, au cours des heures suivantes, de maintenir la pression sur le centre français et, le **10 septembre**, les Saxons opposent encore une vive résistance dans la lutte pour le contrôle de Sompuis et parviennent à se maintenir à Courdemanges. Contre le 2e corps français, Hessois et Westphaliens tiennent toujours la ligne allant de Favresse à Maurupt. Le **11 septembre**, la victoire

bascule en faveur des Français et, dès **le lendemain**, le 12e corps du général Roques reprend Vitry-le-François. En quelques jours, le corps colonial progresse de vingt-cinq kilomètres vers le nord, à la poursuite de l'armée saxonne désormais en retraite. Partout les unités françaises prennent maintenant l'avantage et poussent jusqu'aux lignes où s'établiront bientôt les tranchées de la guerre de position.

L'assaut du 77e Régiment d'infanterie contre le château de Mondement, soutenu par l'artillerie de la 42e division du général Grossetti.

Le prince Albert de Wurtemberg, commandant de la IVe Armée allemande. C'est contre la 4e Armée française que celle-ci concentra tous ses efforts.

Page ci-contre, à gauche, en haut et au centre : Des artilleurs allemands mettent leur pièce en batterie et appuient de leur feu la manœuvre des fantassins. En bas : Une position allemande prise sous le feu de l'artillerie française (il s'agit du III. / Res. 74 près de la Godinne). En plusieurs circonstances, l'engagement opportun de l'artillerie légère décida du sort du combat. A droite : Fantassins allemands et français s'affrontant pour le contrôle d'un village. Au centre : Des chasseurs allemands en action. En bas : Un assaut à la baïonnette, comparable à celui donné par les Saxons dans le secteur de Fère-Champenoise. Ci-contre : Le choc sanglant des deux infanteries, aussi valeureuses l'une que l'autre. Au centre : Une patrouille de uhlans sur les rives du Petit-Morin. En bas : Une patrouille de hussards en reconnaissance. (Sanguines d'A. Reich, coll. Heimdal.)

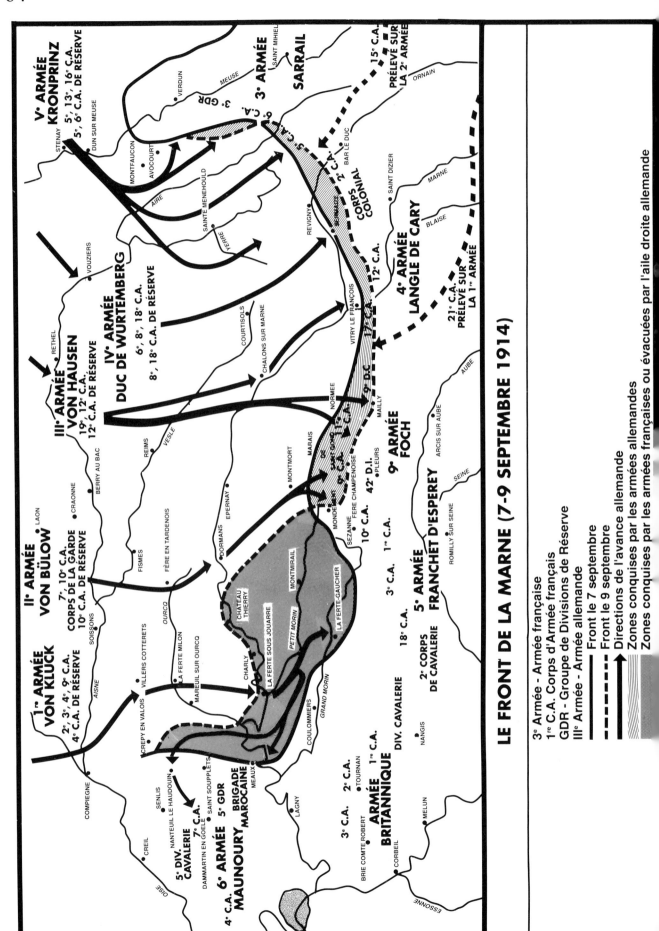

LE FRONT DE LA MARNE (7-9 SEPTEMBRE 1914)

3e Armée - Armée française
1re C.A. Corps d'Armée français
GDR - Groupe de Divisions de Réserve
IIIe Armée - Armée allemande

Front le 7 septembre
Front le 9 septembre
Directions de l'avance allemande
Zones conquises par les armées allemandes
Zones conquises par les armées françaises ou évacuées par l'aile droite allemande

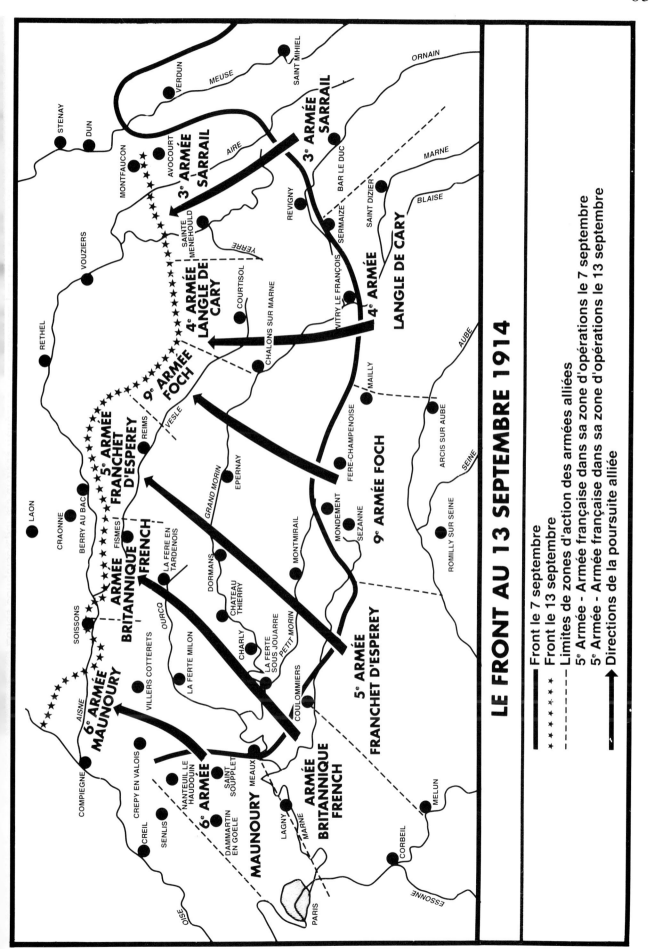

LE FRONT AU 13 SEPTEMBRE 1914

― Front le 7 septembre

✶✶✶✶✶ Front le 13 septembre

――― Limites de zones d'action des armées alliées

5e Armée - Armée française dans sa zone d'opérations le 7 septembre

5e Armée - Armée française dans sa zone d'opérations le 13 septembre

➜ Directions de la poursuite alliée

En haut : Panorama des hauteurs de Saint-Prix, où l'on distingue sur la droite le dôme dénommé le « Signa
du Poirier », au nord de Mondement et de Montgivroux qui furent le théâtre des combats farouches que dut livre
la 9e Armée du général Foch.
Ci-dessus : Les fameux marais de Saint-Gond où la légende épique de la guerre a tenu à « enliser » les régiment
de la Garde prussienne. C'est à cet endroit que le Petit-Morin sort des marais pour s'écouler vers Soisy-aux-Bois
Corfélix et Montmirail.
Page de droite, en haut : Le château de Mondement, qui fut le théâtre de terribles combats. Ecrasés sous le
feux de l'artillerie française, les soldats allemands qui étaient parvenus à l'occuper durent finalement se replie
et l'abandon par l'ennemi de cette position menaçante pour l'ensemble du front français constitua l'un de
moments tournants de la gigantesque bataille. Ci-contre : Le village de Courjeonnet, situé au nord des marai
de Saint-Gond, fut lui aussi le lieu de terribles affrontements.

(Autochromes de Gervais-Courtellemont. Coll. B. Paich.)

CHAPITRE VII

A l'est le front tient, de Verdun au Grand-Couronné

Symbole de la défaite, ce fantassin allemand lève les bras pour se rendre. L'image ne rend pas compte de la réalité car c'est généralement en bon ordre que les armées allemandes conduisirent leur retraite. (L'Illustration.)

Sérieusement malmenée lors de l'offensive lancée dans les Ardennes, la 3e Armée de Ruffey avait dû, comme la 4e, retraiter vers le sud mais, à plusieurs reprises, elle avait infligé des coups d'arrêt localisés à ses poursuivants. La retraite se poursuivit ainsi pendant une dizaine de jours au cours desquels le général Ruffey qui, depuis le début de la campagne, n'avait pas commis la moindre faute, n'en fut pas moins relevé de son commandement par Joffre qui confia l'Armée au général Sarrail. Ce dernier commandait jusque là le 6e corps. Quand il prend en main, le **30 août**, la 3e Armée, il reçoit là l'ordre d'installer sa droite à Verdun et sa gauche à Grandpré ou Sainte-Menehould / Varennes afin de se trouver

en mesure d'attaquer le flanc gauche de l'ennemi (la Ve Armée allemande du Kronprinz impérial) au moment où celui-ci marchera sur la 4e Armée française.

Pour se mettre en situation de conduire cette manœuvre, Sarrail dispose sur sa droite le 6e corps du général Verraux et sur sa gauche le 5e du général Micheler. La 7e division de cavalerie du général d'Urbal devait assurer la liaison à gauche avec le 2e corps du général Gérard qui occupait l'aile droite de la 4e Armée. Le 3e Groupe de Divisions de Réserve du général Pol Durand se tenait en mesure d'intervenir vers la Woëvre ou au sud de Verdun. Avec ces effectifs et ces moyens limités, Sarrail doit attaquer la formidable Ve Armée allemande, forte de ses sept corps, qui défilant à l'ouest de l'Argonne marche au sud, vers Revigny et Bar-le-Duc. Le rapport des forces semble écrasant en faveur du Konprinz mais la Ve Armée doit laisser ses arrières devant Verdun et elle doit échelonner ses corps au fur et à mesure qu'elle marche au sud. Sarrail voit bien qu'il doit profiter de la superbe opportunité qui se présente mais il ne dispose pas de forces suffisantes car la 3e Armée a dû donner son 4e corps à l'Armée Maunoury et la 42e division du 6e corps est partie renforcer l'Armée Foch. Pour compenser ces prélèvements, le GQG a décidé de lui donner le 15e corps, qui vient de la 2e Armée mais cette grande unité n'entrera en ligne que le 7 septembre, alors que la bataille est déclenchée depuis la veille.

Le **5**, Sarrail a resserré son dispositif en éloignant sensiblement sa droite de Verdun qui est mise en état de défense par le général Coutanceau. Le même jour, il a déplacé son QG de Vaubécourt à Ligny-en-Barrois. En cet instant où son infériorité est manifeste, le chef de la 3e Armée ne doit pas commettre la moindre erreur quant à la mise en place de ses unités et il fait bien « d'abandonner » Verdun car la place dispose des moyens de se défendre ; le véritable enjeu stratégique se situe plus au sud, là où l'avance de la Ve Armée allemande risque de disloquer le centre du front français, au moment où la victoire est sur le point de se dessiner à l'aile gauche contre les Ie et IIe Armées allemandes.

Au matin du **6**, les 5e et 6e corps ont reçu l'ordre d'attaquer mais le Kronprinz a donné des instructions identiques à son 6e corps silésien, à son 13e corps Wurtembergeois, au 16e corps de

Landwehr de Metz et à son 6ᵉ corps silésien de réserve. Derrière ces grandes unités engagées en première ligne, le 5ᵉ corps Posnanien de réserve demeure en mesure de faire face à toute menace venant de Verdun. L'intervention de l'artillerie de Verdun et l'engagement de deux des divisions de réserve du Groupe Pol Durand vont heureusement venir soulager les deux corps français trop dangereusement pris à partie. Le 5ᵉ fléchit sous le choc, perd Sommeilles et évacue Noyers et Brabant-le-Roi. Face à des forces supérieures, la 10ᵉ division du général Roques réussit pourtant à contre-attaquer mais son chef est tué au cours de l'engagement. En fin de matinée, l'artillerie du corps français doit évacuer la côte de Villers-au-Vent qui tombe dans l'après-midi. Au soir, Revigny est perdu et la brèche risque de s'ouvrir entre les 3ᵉ et 4ᵉ Armées. Au nord, le 6ᵉ corps résiste mieux. Il a été refoulé par les Wurtembergeois mais ceux-ci, trop avancés, sont pris à partie par des feux de mitrailleuse et des bombardements d'artillerie particulièrement meurtriers. Au **soir du 6,** les unités françaises apparaissent très éprouvées et la trouée de Revigny est dangereusement menacée. Si la rupture est effectuée le lendemain, c'est la chute de Bar-le-Duc et l'isolement des Armées de l'est. Du côté de la 4ᵉ Armée, le général Gérard, qui s'accroche à Sermaize, ne peut rien pour parer à cette menace mais l'intervention des premiers éléments du 15ᵉ corps, celui que l'on avait injustement accusé d'avoir cédé à la panique à Morhange, mais qui s'était si brillament comporté sur la Meurthe, ne peut que redonner courage aux hommes de Sarrail qui ont payé un lourd tribut tout au long de la journée du 6.

Au **matin du 7,** la 29ᵉ division du 15ᵉ corps vient appuyer le 5ᵉ corps qui a beaucoup souffert la veille. Très tôt, l'artillerie allemande entre en action et les soldats du Kronprinz se jettent à l'assaut contre Vassincourt, la clé du Barrois, qui va être le théâtre de furieux combats. A ce moment, les Allemands sont à moins de dix kilomètres de Bar-le-Duc et, pour leur en interdire l'accès, le 46ᵉ régiment d'infanterie se bat avec l'énergie du désespoir. C'est suffisant pour laisser à la 29ᵉ division du général Carbillet le temps de se porter à la droite de la 3ᵉ Armée et de colmater la trouée de Revigny, demeurée jusque là dangereusement découverte. Au cours des heures suivantes, les autres unités du 15ᵉ corps viennent renforcer le barrage ainsi installé. A l'évidence, le Kronprinz, en ne s'engageant pas plus décidément au cours de la journée du 6, a laissé passer sa chance. Au nord, le 6ᵉ corps n'avait dût son salut, au cours de la journée du 7, qu'à l'intervention de son artillerie, placée sous les ordres du général Herr. Elle avait édifié devant les Wurtembergeois une barrière de feu qui leur interdit toute progression. La 67ᵉ division de réserve s'est emparée d'Ippécourt alors que la 72ᵉ division de réserve du général Heymann, sortie de Verdun, vient créer l'insécurité sur les arrières ennemis.

Au **matin du 8,** les combats font de nouveau rage autour de Vassincourt, repris puis reperdu par les Français qui doivent se replier sur Mussey. Sarrail n'en ordonne pas moins une nouvelle contre-attaque pour l'après-midi. L'assaut est relancé à plusieurs reprises, mais sans résultat et, à la tombée du soir, les deux adversaires demeurent sur leurs positions, à l'issue d'une journée dont le bilan est nul. Comme la veille, l'artillerie du général Herr sauve la mise du 6ᵉ corps mais les tentatives des divisions de réserve ne parviennent pas à entamer sérieusement les unités ennemies. Un nouveau danger apparaît en ce même jour du 8. A l'est, les Allemands attaquent le fort de Troyon qui commande les Hauts de Meuse ; s'ils l'emportent, toute la 3ᵉ armée, qui fait front face à l'ouest, risque d'être prise à revers. Défendu par le capitaine Heim, le fort reçoit plus de cent cinquante obus lourds à l'heure et il n'est bientôt qu'un monstrueux champ de ruines mais la petite garnison est bien abritée et un seul défenseur est tué ; de plus, la 7ᵉ division de cavalerie du général d'Urbal, ainsi que la 73ᵉ division de réserve venant de Toul doivent se porter au secours du fort et faire face à la menace venue de la Woëvre.

Le général Espinasse, commandant du 15ᵉ Corps qui, issu de la 2ᵉ Armée, va venir renforcer la 3ᵉ, principalement son 5ᵉ corps, au matin du 7 septembre.

En haut, à gauche : Le général Franchet d'Esperey, futur maréchal de France, qui commandait le 1er corps de la 5e Armée au début de la guerre et qui remplacera Lanrezac à la tête de celle-ci dans les premiers jours de septembre. A droite : Le général de Langle de Cary, commandant de la 4e Armée. C'est son Armée qui doit, selon Joffre, fournir l'effort principal contre les forces allemandes engagées en Belgique mais la « surprise » de Neufchâteau révèle que les corps de réserve allemands sont engagés en première ligne et la retraite devient rapidement inévitable. Au centre, à gauche : Le général Maunoury, nommé le 26 août commandant de la 6e Armée qui sera engagée sur l'Ourcq. A droite : Le maréchal French, commandant du corps expéditionnaire britannique. rendu méfiant par les combats de Mons et du Cateau, il ne s'engagera qu'in extremis dans la manœuvre conçue par Joffre. En bas : Une batterie de 75 en action.

En haut, à gauche : Le général Humbert, qui commande la division marocaine affectée à la 9ᵉ Armée du général Foch. Ses unités prendront une part active à la « bataille du centre ». A droite : Le général de Maud'huy, qui commande le 18ᵉ corps, placé à la gauche de la 5ᵉ Armée du général Franchet d'Esperey, au moment de la reprise de l'offensive. Au centre, à gauche : Le général Sarrail, qui commande en août 1914 le 6ᵉ corps de la 3ᵉ Armée mais qui remplace bientôt Ruffey à la tête de celle-ci. S'appuyant sur l'Argonne, sur Verdun et sur la résistance des forts des Hauts-de-Meuse, il va tenir tête avec des forces très inférieures à la Vᵉ Armée du Kronprinz et sauver ainsi Bar-le-Duc, en même temps que l'ensemble du dispositif français. A droite : Le général Roques, qui commande en 1914 le 12ᵉ corps de la 4ᵉ Armée du général de Langle de Cary. En bas : L'attaque du château de Mondement, l'un des points essentiels de la bataille du centre, le 8 septembre 1914.

Le fort de Troyon qui commande, avec ceux de Génicourt et des Paroches, la région des Hauts-de-Meuse va résister héroïquement aux bombardements de l'artillerie lourde allemande et à l'assaut de l'infanterie allemande.

Le **9**, la bataille reprend la même intensité, mais les Allemands ne peuvent toujours pas déboucher de Vassincourt et, au 6ᵉ corps, l'artillerie tient toujours l'ennemi à distance. Pendant ce temps, le bombardement du fort de Troyon a repris et Heim répond aux émissaires ennemis qu'il n'est pas question de capituler. En fin d'après-midi, la situation des défenseurs devient de plus en plus intenable, mais la garnison se prépare à résister aux assauts de l'infanterie. Quand les Allemands passent à l'attaque après 20 heures, ils se heurtent à une réaction d'une vigueur inattendue et préfèrent se replier, après avoir subi des feux de salve meurtriers.

Pendant ce temps, l'inquiétude gagne le GQG de Luxembourg. Au cours de la journée du 9, la IIᵉ, puis la Iʳᵉ et enfin la IIIᵉ Armée, qui constituent l'aile droite allemande ont été contraintes d'entamer leur retraite et, sur la foi de renseignements faisant état de concentrations françaises dans la région de Saint Mihiel, le commandement suprême ordonne initialement un repli général. Cela va contre les intentions du Kronprinz impérial qui pense être en mesure, grâce à un ultime coup de boutoir, d'enfoncer le front de la 3ᵉ Armée française. La perspective d'un succès tactique, fut-il local, et, au delà, d'une éventuelle chute de Verdun vont suffire à convaincre Tappen, le chef du bureau des opérations, et Moltke lui-même, qu'il fallait laisser faire la Vᵉ Armée. On pouvait peut être espérer sur la Meuse une compensation à l'échec, devenu évident, que venait de subir les armées allemandes de l'aile droite.

Au cours de la **nuit du 9 au 10,** les Allemands se ruent de nouveau à l'attaque contre le malheureux 6ᵉ corps, qui a déjà tant souffert au cours des journées précédentes. Le général Verraux et son chef d'état-major, le général Micheler, ne peuvent conserver la ligne de défense initialement prévue. La ferme de Vaux-Marie est perdue mais les Wurtembergeois ne parviennent pas à obtenir la rupture escomptée et laissent des milliers de morts sur le terrain. Les 54ᵉ et 67ᵉ divisions de réserve étaient, pour leur part, sérieusement bousculées par le 16ᵉ corps allemand et obligées de se replier en évacuant Souilly. Verdun était désormais coupé de la 3ᵉ Armée, alors que le fort de Troyon était de nouveau sous le feu de l'artillerie ennemie qui prenait également à partie le fort des Paroches et celui de Génicourt. Sarrail, qui a replié son QG à Rumont, peut craindre le pire en milieu de journée du 10 et il envisage déjà un repli éventuel sur Saint-Mihiel mais, dans l'après-midi, il apparaît clairement que les Allemands renoncent et entament leur retraite, après l'inutile coup de boutoir lancé la nuit précédente. Le **11,** la route de Bar-le-Duc est entièrement dégagée et le siège du fort de Troyon est levé, au moment où l'artillerie de la division venue de Toul prend à partie les batteries allemandes qui l'écrasaient depuis deux jours. Au soir de ce jour, la retraite allemande est générale mais les corps de la 3ᵉ Armée, épuisés, sont bien incapables de lancer la poursuite. Le **12,** le 15ᵉ corps réoccupe Revigny et c'est au cours de la nuit suivante que le 6ᵉ corps et les divisions de réserve entament leur marche vers le nord.

Au moment où l'ensemble des armées de la gauche et du centre font face à l'assaut des armées allemandes, Castelnau doit, pour sa part, tenir le Grand Couronné, qu'attaquent vigoureusement les unités du 3e corps bavarois. Les Allemands déclenchent leur action dans l'après-midi du **4 septembre** et les combats font rage tout au long de la nuit. A l'aube, les Allemands ont pris Maixe et Remereville mais le 20e corps résiste énergiquement. A droite de la 2e Armée, le 16e corps perd Gerbéviller, alors que la Ire Armée se voit condamnée à la défensive. Castelnau pense pouvoir tenir mais, quand il apprend le **5 septembre** que le GQG pense replier ses armées de gauche derrière la Seine, il imagine les manœuvres correspondant à cette hypothèse. Attitude naturelle mais mal comprise du GQG puisque certains prétendront ensuite que le chef de la 2e Armée a songé « à abandonner Nancy », ce qui est évidemment inexact. Le **6**, l'attaque reprend sur Crévic et sur Courbessaux. Au cours de la nuit suivante, les Allemands attaquent violemment les hauteurs de Sainte-Geneviève et parviennent à s'y installer, occupant ainsi la première ligne de défense du Grand Couronné. Contrairement à la version des faits donnés par Joffre dans ses « Mémoires »,

il n'a pas eu besoin d'exiger de Castelnau qu'il se maintienne sur le Grand Couronné puisque le général commandant la 2e Armée n'a jamais eu l'intention de l'évacuer et a même donné ses ordres pour la contre-attaque. Au matin du **8**, l'éperon de Sainte-Geneviève est repris et le 20e corps repousse l'ennemi vers Remereville. Le **11**, la 68e division de réserve nettoie la forêt de Champenoux, Lunéville est repris par les Français, qui poussent vers la forêt de Parroy. A ce moment, le GQG de Luxembourg a définitivement mis un terme à la bataille de Lorraine et la VIe Armée du Kronprinz bavarois entame son repli sur l'ensemble de son front. Une fois de plus, l'indécision de Moltke et ses revirements contradictoires, déterminés par les pressions de ses grands subordonnés coûtaient cher aux armées allemandes qui n'avaient pourtant pas ménagé leur peine et leurs sacrifices. Pour avoir cherché à l'emporter en plusieurs endroits à la fois, Moltke a été incapable de réaliser la concentration de forces nécessaires au moment et au lieu favorables. Un reproche qui ne peut être fait à Joffre, Lanrezac, Franchet d'Esperey, Sarrail ou Castelnau.

Les deux Armées de l'est, sérieusement malmenées lors des échecs de Morhange et de Sarrebourg, vont assurer ensuite par une belle résistance la sûreté de l'action engagée à l'ouest.

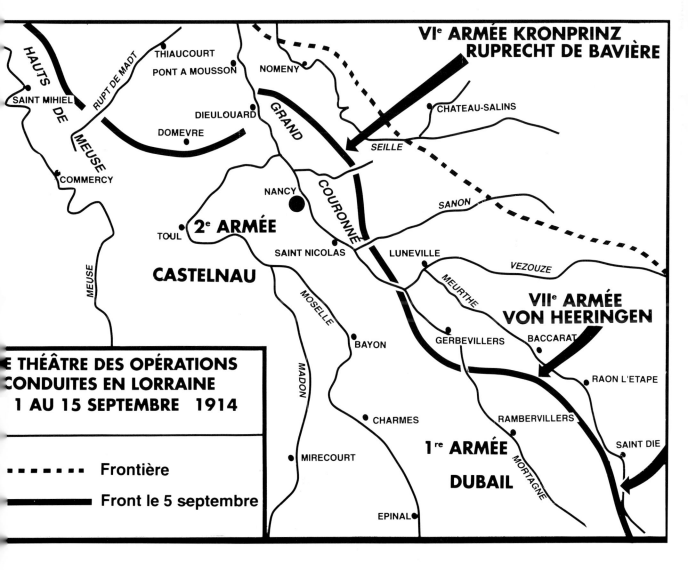

Les lieux où se livrèrent certains des combats les plus célèbres de la « bataille du centre », que dut principalement assumer la 9e Armée du général Foch. Ci-dessus : Le village de Corfélix, avec, à l'horizon, les hauteurs de Saint-Prix. Ce secteur situé immédiatement à l'ouest des marais de Saint-Gond, vit l'engagement de la division coloniale du général Humbert et de la 42e division du général Grossetti, appuyées par le 10e corps du général Defforges, fourni à Foch par la 5e Armée de Franchet d'Esperey.

Page de droite, en haut : Montmirail repris à l'ennemi après trois jours de combats furieux. On voit au premier plan la tombe de plusieurs soldats tombés pour la reconquête de ce bourg de Champagne. En bas, à gauche : Les ruines du village de Soisy-au-Bois. Ci-dessous : Les ruines de Lenharrée, où les Saxons

menacèrent dangereusement la ligne de défense française. En bas, à droite : Tranchées allemandes à Chapton (en haut) et à Soisy (en bas). (Autochromes de Gervais-Courtellemont, pris en 1915, coll. B. Paich.)

La Marne, victoire inexploitée ?...

Le 13ᵉ Hussard rentrant victorieusement dans Epernay libéré le 11 septembre 1914, après la victoire remportée au sud des marais de Saint-Gond.

Au soir du 11 septembre, Joffre peut lancer un communiqué de victoire : « *La bataille qui se livre depuis cinq jours s'achève en une victoire incontestable. La retraite des Iʳᵉ, et IIᵉ et IIIᵉ Armées allemandes s'accentue devant notre gauche et notre centre. A son tour, la IVᵉ Armée commence à se replier au nord de Vitry et de Sermaize. Partout l'ennemi laisse de nombreux blessés et des quantités de munitions. Partout, on fait des prisonniers. En gagnant du terrain, nos troupes constatent l'intensité de la lutte et l'importance des moyens mis en œuvre par les Allemands pour essayer de résister à notre élan. La reprise vigoureuse de l'offensive a déterminé le succès. Tous, officiers, sous-officiers et soldats, vous avez répondu à mon appel. Vous avez bien mérité de la Patrie.* » Incontestable, le succès n'est certainement pas dû aux raisons invoquées par Joffre. La « reprise de l'offensive » s'est traduite sur l'Ourcq par une défensive désespérée contre la pression de l'Armée von Kluck qui a fait promptement face à l'ouest. Au centre, l'Armée Foch et l'Armée Langle de Cary ont difficilement résisté à la gauche de la IIᵉ Armée allemande et aux corps saxons de von Hausen qui ont réussi, à Fère-Champenoise, l'offensive meurtrière que l'on sait. A l'est, Sarrail parvient à tenir la trouée de Revigny mais il est à la limite de ses possibilités et la chute probable des forts qui commandent les Hauts de Meuse risque à tout moment de menacer ses

arrières. A la 2ᵉ Armée, Castelnau tient, mais ne peut rien faire de plus, les crêtes du Grand Couronné ; Dubail est lui aussi condamné à la défensive, les deux armées de l'Est ayant donné aux armées du centre et de la gauche une bonne partie de leurs corps. Là où l'élan des vainqueurs pourrait se faire sentir, c'est dans la brèche qui s'est ouverte entre les Iʳᵉ et IIᵉ Armées allemandes du fait du quart de tour à droite réalisé par Kluck pour faire face à la 6ᵉ Armée française. Or, en ce secteur où l'Armée britannique et la 5ᵉ Armée de Franchet d'Esperey disposent d'une écrasante supériorité leur progression demeure d'une surprenante timidité. Tout se passe comme si, après les offensives trop meurtrières des premières batailles, le commandement avait décidé désormais de faire preuve d'une extrême prudence, au moment où il eût fallu au contraire aller de l'avant...

Sous la forme d'une boutade passée à la postérité, Joffre a dit « *qu'il ne savait pas qui avait gagné la bataille de la Marne mais qu'il savait bien, en revanche, qui l'aurait perdue si tel avait été le cas* ». C'est tout à fait juste mais le silence qui est longtemps demeuré sur les premiers échecs oblige à dire qu'il avait été, lui, le commandant en chef, le vaincu sans appel de la bataille des frontières. Dans une autre formule demeurée célèbre, le généralissime déclara que « *La Marne ! C'est mon adversaire qui a perdu* la bataille, ce n'est pas moi qui l'ai gagnée ». Il ne croyait pas si bien dire car on peut douter de ce qu'eût été l'issue de l'affrontement si le commandement allemand n'avait pas accumulé toutes les erreurs que l'on sait. Le chef d'état-major de la Ire Armée, le général von Kuhl en convient quand il évoque la situation qui était celle des deux adversaires dans la journée décisive du 9 septembre, avec une armée allemande sur le point de l'emporter sur l'Ourcq et de refouler la 6e Armée vers le camp retranché de Paris et deux autres menaçant très dangereusement la trouée de Revigny ; « *La situation tenait à un fil. Il y avait crise des deux côtés. Celui qui voulait dénouer cette crise à son avantage devait avoir les nerfs plus solides que l'autre. Assurément, c'eût été pour nous faire preuve d'une grande audace que de mener le combat jusqu'au but, mais le prix en valait la peine ! Nous aurions dû avoir cette audace. La situation n'aurait pu devenir pire qu'elle ne devint. Quant à la Direction Suprême, il ne saurait être question de dire qu'elle a dirigé la bataille de la Marne !... »* Cette condamnation sans appel du GQG de Luxembourg apparaît largement fondée. La faiblesse et l'indécision ont constamment prévalu, de même que l'incapacité à faire porter l'effort au moment opportun et à l'endroit souhaitable. Dans la bataille du sang-froid, Joffre a totalement surclassé Moltke.

Il a de plus, en bon spécialiste des arrières et des chemins de fer, remarquablement réussi le déplacement des corps pris aux armées de l'Est pour être engagés sur sa gauche, créant ainsi sur la Marne un rapport de forces exactement inverse à celui qui lui avait valu quinze jours plus

tôt la défaite de Charleroi. Contre l'avis de Berthelot, son mauvais génie, il a su prendre la décision qui convenait quand la marche au sud-est de la Ire Armée allemande la mit en situation d'être attaquée depuis Paris. Pourtant, il n'a pas mesuré l'ampleur de la brèche qui s'est ensuite ouverte entre les deux armées de l'aile droite ennemie et il n'a pas su exploiter à fond cette situation. C'est l'interprétation présentée il y a près d'un quart de siècle par le colonel Goutard, pour qui la Marne demeura une « victoire inexploitée ». On peut douter pourtant des possibilités réelles des armées françaises, à partir du 11 septembre, au moment où, bénéficiant du renfort de la VIIe Armée reconstituée en Belgique les Allemands s'installent en défensive sur le front de l'Aisne. Après trois semaines de retraite et de combat, les grandes unités françaises, qui avaient subi des pertes considérables n'avaient sans doute pas les ressources nécessaires pour exploiter à fond, « dans la foulée », le succès stratégique que constituait pour elles le repli allemand.

Au delà des querelles d'experts soucieux de décider des erreurs et des responsabilités des uns et des autres ou de la part qu'ils ont prise à la victoire, il faut bien constater que le véritable « miracle de la Marne » réside avant tout dans la volonté et le courage des soldats autant que dans le sang froid et la clairvoyance des principaux chefs qui, confrontés directement à des situations dramatiques ont su employer au mieux les forces dont ils disposaient. Sursaut magnifique et tragique de la nation toute entière rassemblée à l'heure du destin, la victoire rem-

Les ruines de Senlis après les combats de septembre 1914. En quelques semaines, la France est déjà terriblement meurtrie.

Ci-dessus : On voit sur ces trois photographies les tirailleurs algériens qui participèrent aux combats de septembre 1914. Mise à la disposition du gouverneur militaire de Paris, la division algérienne du général Drude sera engagée dans la bataille de l'Ourcq où elle consentira de lourds sacrifices. On peut comparer l'ancienne tenue (à gauche) des célèbres « turcos » qui s'étaient illustrés lors des combats de 1870 à celle, moins voyante et mieux adaptée (à droite) des tirailleurs.
Page de gauche, en bas, à gauche : La ferme du château de Montceaux n'est plus qu'un champ de ruines à l'issue des combats qui s'y livrèrent. A droite : Les maisons en ruines du village témoignent de l'acharnement avec lequel les deux adversaires s'affrontèrent dans ce secteur, qui se trouvait à la liaison de la 5ᵉ Armée du général Franchet d'Esperey et de la 9ᵉ Armée du général Foch. Ci-dessous : Les ruines du village de Courgivaux qui fut lui aussi l'enjeu d'une lutte farouche. (Autochromes de Gervais-Courtellemont, coll. B. Paich.)

portée contre un adversaire tout aussi valeureux demeure d'abord celle de ces dizaines de milliers de combattants qui, chacun à leur poste et souvent par le sacrifice de leur vie, arrêtèrent un envahisseur dont ses premières victoires pouvaient laisser penser qu'il était invincible.

BIBLIOGRAPHIE

– Alexandre (général) : « Avec Joffre, d'Agadir à Verdun ». *Berger-Levrault, 1932.*

– « Armées Françaises dans la Grande Guerre » (Les) Tome I, volumes 1, 2, 3. *Publié par le Service Historique des Armées.*

– « Les deux batailles de la Marne », récits de Joffre, Foch, Ludendorf et du Kronprinz. *Payot, 1928.*

– Beau (Georges) et Gaubusseau (Léopold) : « En août 1914, Lanrezac a-t-il sauvé la France ? ». *Presses de la Cité, 1964.*

– Blin (colonel) : « Aperçus sur la guerre 1914-1918 ». *Lavauzelle, 1932.*

– Blond Georges : « La Marne ». *Presses de la Cité, 1967.*

– Brécard (général) : « Le Maréchal Maunoury ». *Berger Levrault, 1937.*

– Chamard (Elie) : « La bataille de Mondement ». *Berger-Levrault, 1939.*

– Chambe (général) : « Adieu Cavalerie. La Marne, bataille gagnée... victoire perdue ». *Plon, 1979.*

– Clergerie (général) : « Le rôle du gouvernement militaire de Paris ». *Berger-Levrault, 1920.*

– Conrad (Philippe) et Lespeyres (Arnaud) : « La Grande Guerre 1914-1918 ». *E.P.A., 1989.*

– Duffour (général) : « Histoire de la Guerre mondiale », Cours d'Histoire de l'Ecole de Guerre. *Payot, 1937.*

– Foch (maréchal) : « Mémoires ». *Plon, 1931.*

– French (maréchal) : « 1914 ». *Berger Levrault.*

– Galliéni (maréchal) : « Mémoires ». *Payot, 1928.*

– Galliéni (maréchal) : « Carnets ». *Albin Michel, 1932.*

– Gay (Georges) : « La bataille de Charleroi ». *Payot, 1937.*

– Goutard (colonel) : « La Marne, victoire inexploitée ». *Robert Laffont, 1968.*

– Gras (général) : « Castelnau ou l'art de commander ». *Denoël, 1990.*

– Grasset (colonel) : « La bataille des deux Morins ». *Payot, 1934.*

– Von Hausen (général) : « Souvenirs de la campagne de la Marne ». *Payot, 1922.*

– Huguet (général) : « L'intervention britannique en 1914 ». *Berger-Levrault, 1928.*

– Isorni (Jacques) et Cadars (Louis) : « Histoire véridique de la Grande Guerre ». *Flammarion, 1968.*

– Joffre (maréchal) : « Mémoires ». *Plon, 1932.*

– Kann (Reginald) : « Le plan de campagne allemand de 1914 et son exécution ». *Payot, 1923.*

– Koeltz (général) : « Le G.Q.G. allemand et la bataille de la Marne ». *Payot, 1923.*

– Von Kluck (général) : « La Marche sur Paris ». *Payot, 1922.*

– Von Kluck (général) : « La campagne de la Marne ». *Payot, 1927.*

– De La Gorce (Pierre-Marie) sous la direction de : « La Première Guerre Mondiale ». *Flammarion, 1991.*

– Langle de Cary (général) : « Souvenirs de commandement ». *Payot, 1935.*

– Lanrezac (général) : « Le plan de campagne français ». *Payot, 1929.*

– Liddell-Hart (Capitaine B.H.) : « Réputations ». *Payot, 1931.*

– Lyet (Pierre) : « Joffre et Galliéni à La Marne ». *Berger-Levrault, 1938.*

– Von Mertz (général) : « La volonté du chef ». *Payot, 1934.*

– Messimy (Général) : « Mes souvenirs ». *Plon, 1937.*

– Michel (Marc) : « Galliéni ». *Fayard, 1989.*

– Von Moltke (général) : « Mémoires, lettres et documents ». *Payot, 1933.*

– Palat (général) : « La Grande Guerre sur le front occidental ». *Chapelot, 1920.*

– Percin (général) : « Les erreurs de commandement ». *Albin Michel, 1919.*

– De Pierrefeu (Jean) : « Plutarque a menti ». *Grasset, 1923.*

– Poincaré (Raymond) : « Au service de la France », tome V, « L'invasion ». *Plon, 1928.*

– Renouvin (Pierre) : « La crise européenne et la première guerre mondiale ». *P.U.F., 1962.*

– Renouvin (Pierre) : « La première guerre mondiale », collection « Que sais-je ? ». *P.U.F., 1965.*

– Rouquerol (général) : « Charleroi, août 1914 ». *Payot, 1932.*

– Wilson (Maréchal sir Henry) : « Journal ». *Payot, 1929.*